丛书主编◎叶浩生

世界著名心理学家

弗洛伊德

于晓波◎著

北京师范大学出版集团
BEIJING NORMAL UNIVERSITY PUBLISHING GROUP
北京师范大学出版社

图书在版编目（CIP）数据

弗洛伊德／叶浩生主编，于晓波著.—北京：北京师范大学出版社，2013.1（2014.2重印）
（世界著名心理学家）
ISBN 978-7-303-15312-1

Ⅰ.①弗…　Ⅱ.①叶…　②于…　Ⅲ.①弗洛伊德，S.(1856~1939)—精神分析—研究　Ⅳ.①B84-065

中国版本图书馆CIP数据核字（2012）第 193398 号

营销中心电话	010-58802181　58805532
北师大出版社高等教育分社网	http://gaojiao.bnup.com
电 子 信 箱	gaojiao@bnupg.com

出版发行：北京师范大学出版社 www.bnup.com
　　　　　北京新街口外大街 19 号
　　　　　邮政编码：100875
印　　刷：北京民族印务有限责任公司
经　　销：全国新华书店
开　　本：148 mm × 210 mm
印　　张：6
字　　数：132千字
版　　次：2013年1月第1版
印　　次：2014年2月第2次印刷
定　　价：18.00元

策划编辑：周雪梅	责任编辑：周雪梅
美术编辑：毛　佳	装帧设计：毛　佳
责任校对：李　菡	责任印制：陈　涛

丛书总序

　　心理学的产生和发展是时代的需要，同时也离不开心理学史上一些重要人物的贡献，以及他们在心理学领域作出的杰出成就。2002年，美国心理学杂志《Review of General Psychology》依据心理学者在心理学领域的贡献，评选出前99位心理学家。《世界著名心理学家》丛书就是从这99个人中选择出最有影响力的心理学家，讲述他们生活的时代背景、个人经历、理论思考，以及取得的成就。希望通过丛书的介绍，读者对心理学有进一步的认识，对心理学研究有更深入的思考。

　　心理学的发展是时代精神和心理学家结合的产物。每一位心理学家都是在总结前人思想的基础上，通过自己的努力和发现推动心理学的发展与进步的。具体来说，时代的进步为心理学提供了社会历史条件，而心理学家利用这些条件完成了心理学史上的重大变革。"心理学有很长的过去，但只有一个短暂的历史。"19世纪中叶以后，哲学已经为心理学积累了丰富的理论概念；生理学领域的成就为心理学提供了基础知识和研究方法；心理物理学的发现为心理学准备了科学的发展模式和方向。最终，冯特的心理学实验室的建立，才把心理学从哲学的娘胎里催生出来，使其成为一门独立的学科。因此，在肯定时代精神的同时，我们无法抹煞心理学家在心理学发展史上的重要作用。

　　心理学家的成长历程可以作为心理学后继者的参照，这些人为什么会从事心理学研究？他们是如何为之坚定不移、辛勤付出的？读者或许可以得到这样一些启示。

　　第一，心理学家对心理学孜孜不倦的追求是取得成功的必要条件。巴甫洛夫是一位"不承认自己是心理学家"的心理学家。他在从消化系统的生理研究转向神经系统的心理研究时，曾承受着来自四面八方的压力，但是这些都没能改变他的决心。经过长达30多年艰苦卓绝的研究探索，巴甫洛夫终于建立了完整的条件反射学说。这种锲而不舍的科学精神是值得心理学后继者学习和借鉴的。

　　第二，心理学家对信念的坚守是取得成功的保证。弗洛伊德的精神分析理论在他生前就遭人非议，而他死后仍难逃诟病。即使这样，也不能否定精神分析理论从一个独特的视角诠释了人类心理和行为的功劳。如果没有弗洛伊德对"力比多"的坚定信念，就可能不会出现心理学的"第二势力"。心理学研究者首先是作为社会人而存在的，一个时代的文化思潮、价值观和科学哲学观都会影响到心理学研究者的热情和研究取向，甚至决定着心理学的研究内容和方法论原则的形成。所以，今天看来，心理学发展史上任何一个理论流派的存在都有其特定的价值。当然，这些心理学思潮的形成都离不开心理学家对心理学研究信念的坚守。

　　第三，心理学家对实证研究和理论思维的态度是心理学发展的重要因素。一门学科的进步，既需要科学的实验求证，也离不开严谨的理论思维。心理学也是这样，构造主义、行为主义、人本主义等心理学理论都是建立在一定的哲学基础之上的。从某种意义上说，心理学实验是为证实心理学理论而存在的。例如，格式塔心理学的似动和顿悟实验。但是，当前的心理学实验是在寻找和发现问题。研究者试图把心理学理论建立在大量的心理学实验结论之上，或者说把心理学实验作为发现心理学理论的唯一有效的途径。通过这种途径建立起来的心理学理论更像是无源之水，无本之木。当代心理学再没出现像詹姆斯、马斯洛、科勒这样的心理学大家，也没有出现如行为主义、精神分析、人本主义这样的心理学理论，这与当代心理学重视实验求证，偏废理论思维不无关系。丛书在介绍这些心理学家的章节中列出了"理论背景"板块，一方面帮助读者更好地理解和把握心理学理论内容，另一方面也是为了突出理论思考在心理学发展史上的地位。

　　丛书每本书介绍一位心理学家。编者制定了详细的编写原则和体例要求。丛书作者大多直接从事有关某一心理学流派、或某一位心理学家的理论研究工作。他们在准确把握这些思想理论的前提下，多方面收集材料，力争使内容生动活泼，可读性强。诚然，丛书编者和作者的观点难免会有偏颇、不当之处，还请读者指正。

　　　　　　　　　　　　叶浩生
2012 年 8 月 22 日于广州大学城小谷围岛

目　录

第一章 导 论

　　陈先生的一位挚友定于三天后举办婚礼，他满心欢喜地接受了对方的邀请并计划着届时怎样在婚礼上大显身手。可结果是，他竟然缺席了这场婚礼，原因简单得有些离谱，他忘记了这件事。

　　某大学即将举办一场声势浩大的田径运动会。开幕式上，在一个接一个的代表发言过后，校长郑重宣布："××大学第×届田径运动会闭幕!"立时，台下一片哗然。

　　王同学是一名大学生，他品学兼优、人见人爱，但最近他却愁眉不展。在给心理咨询师的信中，他写道："我痛苦至极，自己温文尔雅的外表下竟然藏着一颗污秽的心。睡梦中，我多次与熟悉的或陌生的异性有过不文明的举动……"

　　乍看起来，以上三个案例风马牛不相及，但是，有一种理论却将它们连在了一起，声称它们有着共同的心理根源——都源于当事人的潜意识。该理论便是精神分析学（psychoanalysis）。按照精神分析学的观点，第一个案例中，陈先生虽然在意识层面同意参加好友的婚礼，但是在潜意识层面他也许是拒绝的，潜意识使他忘记了本不该忘记的事情；第二个案例中，那位校长很可能根本就不赞成举办这场运动会，他的口误是潜意识战胜意识的结果；第三个案例中，王同学作为一名正处于青春期的大学生，产生一些有关性的想法本无可厚非，然而强烈的道德感迫使他压抑这样的想法，这些想法受到压抑后并不会消失，而是进入到了他的潜意识，潜意识欲望常常在睡梦中获得表现的机会。

由此可知，精神分析学说实际上就是有关潜意识的理论。精神分析理论的提出，是人类在探索自身心灵过程中取得的又一项重大突破，历史将这一伟大发现归功于奥地利精神病医生——西格蒙德·弗洛伊德（Sigmund Freud，1856—1939）。

弗洛伊德像

一、重要概念的解释

1. 意识和潜意识

在长期的临床心理治疗过程中，弗洛伊德形成了他的有关意识（conscious）和潜意识（subconscious）的概念。

具体来说，意识是与直接感知有关的心理部分，潜意识则包括个人的原始冲动和各种本能，以及出生后和本能有关的欲望。潜意识中的冲动和欲望，往往不被社会的风俗、习惯、道德、法律所接受，因而才被压抑或排挤到了意识阈（threshold of conscious）① 之下；但是，潜意识的观念并未因此消失，它们作用于意识，为意识提供动力，并在适当的时候表现出来（如口误、笔误、梦等）。在弗洛伊德看来，意识只是人的精神结构中很小、很微弱的一部分，潜意识则是心理活动的主体，意识是潜意识的产物。

弗洛伊德认为，意识和潜意识之间还存在着一种叫做前意识（preconscious）的心理成分。所谓前意识，是指在一定条件下人们能够从无意识中回忆起来的经验，它处于意识和潜意识之间，具有稽查的功能，把守着潜意识通往意识的大门，不允许潜意识的冲动和欲望进入意识之中。但是前意识也有麻痹大意的时候，此时，其稽查功能大大减弱，将会有少量潜意识的内容通过伪装的形式进入意识。相对于前意识，潜意识很难或根本无法进入意识中去，是人们永远不能回忆起来的经验。弗洛伊德把前意识和潜意识并称为无意识（unconscious）。

潜意识概念是弗洛伊德理论的基础，也是其他精神分析心理学家的理论基础，整个精神分析大厦就是在此基础上一步一步建立起来的。

---

① 意识阈是德国教育家和心理学家赫尔巴特提出的一个重要概念，是指意识和无意识两种状态之间的一条界线。此概念后被弗洛伊德借用。

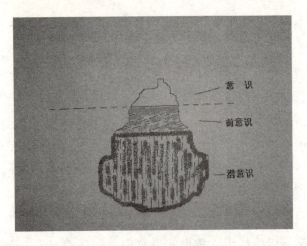

意识、前意识和潜意识示意图

2. 本我、自我和超我

在晚期理论当中，弗洛伊德将人格分成本我（id）①、自我（ego）和超我（superego）三个结构。

所谓本我，是指人格中模糊、晦涩、混乱的部分，是人的内心最原始的那部分内容，包括了与生俱来的所有本能冲动和原始欲望，尤其是猖獗的性本能。本我按照快乐原则来活动，弗洛伊德称之为"真正的心理现实"，因为它与客观现实没有直接的接触，唯一的出路就是通向自我。

自我是人格中的执行机构，处于本我和外界、本我和超我、超我和外界之间。自我按照现实原则来活动，它既要满足外部世界的要求，又要执行超我的任务，同时还要竭力压抑和控制本我，说服本我服从现实需要。因此，自我要同时侍候三个苛刻的主人，常常会陷于忙碌和焦虑之中。

---

① 我国著名心理学家高觉敷先生（1896—1993）将 id 译为伊底。

超我是自我理想和良心的综合，是最高的监督和惩罚机构。超我按照至善原则来活动，其功能是监督自我去限制本我的本能冲动。超我的监督功能有两条主要实现途径，一是自我理想，一是良心。自我理想是个体在成长过程中以接受奖励的方式逐步形成的，当儿童的行为符合了父母的评价标准，儿童将会得到奖励，这些得到奖励的行为将逐步构成儿童的自我理想；良心是个体在成长过程中以受到惩罚的方式形成的，当儿童的行为与父母所鄙弃的道德观念相一致时，儿童将会受到惩罚，这样的经验将逐步形成良心。超我对自我的监督离不开自我理想和良心，自我理想是自我为善的标准，它规定自我应该做什么；良心是自我为恶的标准，它规定自我不该做什么。

本我、自我和超我示意图

弗洛伊德指出，如果人格当中本我、自我和超我三个系统能够维持平衡，人格就是健康的。但是，一般情况下，三个系统的完全平衡是很难实现的，一旦平衡关系被打破，个体就会产生焦虑，严重时可能导致各种神经症和人格异常。

3. 本能

精神分析理论最重要的特征之一，就是强调在人的一切行为中起决定作用的是本能（instinct），由此出发，弗洛伊德最终建立了以性本能为核心内容的本能论。

在弗洛伊德的早期理论中，他把本能分为自我本能（preservative instinct）和性本能（sexual instinct）两种。自我本能是个体保证自己生长发育和不受伤害的本能，这一本能会为个体积攒能量，使得个体的生命得到延续。性本能是个体追求性冲动的满足和性压抑的释放的本能，这一本能虽然消耗个体的能量，但会使得个体的种族得到延续。

由于受到第一次世界大战的影响，弗洛伊德在晚期修正了早期本能论。晚期本能论认为，自我本能和性本能虽然目的不同，但都指向生命的生长和增进，可以合称为生的本能（life instinct）。与此相对的是死的本能（death instinct）。在此，弗洛伊德借鉴了德国哲学家叔本华（Arthur Schopenhauer，1788—1860）的一句话"一切生命的目标都是死亡"。死的本能既包括指向外部的行为，如战争、谋杀等；也包括指向自身的行为，如自杀、自虐等。

4. 显梦和隐梦

为了说明所有的梦都包含着深层次的含义，弗洛伊德把梦分为两个不同的部分，即显梦（manifest content）和隐梦（latent content）。显梦是指梦的表面现象，即人们真实体验到的梦境；隐梦是指梦的真正含义，即隐藏于显梦背后的各种潜意识欲望，尤其是性的欲望。显梦和隐梦紧密联系，人们必须通过对显梦的逐步分析才有可能找出蕴含于其中的隐梦。二者的关系就像谜面与谜底、译文与原文的关系一样。心理学家解梦的目的，就是从显梦中破译出隐梦，进而揭示出梦的真正含义来。

5. 俄狄浦斯情结和爱列屈拉情结

弗洛伊德认为，在3—5岁这一年龄段的儿童身上，往往存在一种迷恋异性父母的现象，也就是乱伦的欲望。具体来说就是，男孩嫉妒自己的父亲，想要与父亲争夺母爱；女孩嫉妒自己的母亲，想要与母亲争夺父爱。弗洛伊德将男孩身上出现的这种现象叫做俄狄浦斯情结（Oedipus Complex），将女孩身上出现的这种现象叫做爱列屈拉情结（Electra complex）。人们有时把俄狄浦斯情结又称为恋母情结，把爱列屈拉情结又称为恋父情结。需要指出的是，在一些场合上，弗洛伊德会不加区分地将上述两种情结统称为俄狄浦斯情结。

二、弗洛伊德理论的历史背景

美国心理学家波林（E. G. Boring，1886—1968）说过："如果弗洛伊德窒死于摇篮之中，时代将可能产生出另一个弗洛伊德。"弗洛伊德之所以能够创造出撼动心理学界的精神分析理论，是他本人刻苦钻研的结果，更是特定人类社会的时代精神的产物。弗洛伊德理论得以产生的历史背景主要有以下几个方面。

1. 特定精神文化氛围的影响

精神分析理论初步形成于19世纪末至20世纪初，创始人弗洛伊德主要生活于奥匈帝国的首都维也纳。那个时代的维也纳，其资本主义正处于由自由竞争向垄断过渡的时期，由于生产资料的高度集中，大资产阶级更加富有，穷奢极欲，很多中小企业纷纷倒闭和破产，大量工人失业，人民生活异常悲惨。另一方面，奥匈帝国的民族矛盾和阶级矛盾相互交织，被压迫民族与哈布斯堡王朝的矛盾、资产阶级和封建专制的矛盾、广大工人与大资产阶级的矛盾日益激化，民族运动和工人运动此起彼伏。在这样一种动荡不安的社会环境下，广大人民精神沮丧、惶惶不可终日，神经症和精神病的发病率空前提高。

维也纳国家歌剧院

在思想观念方面，尽管奥匈帝国的资产阶级长期宣扬自由、平等、博爱、民主，反对禁欲主义，提倡婚姻自由，但由于维多利亚时代的思想观念仍有强大的影响力，当时的人们在很多方面还是颇受限制的，尤其是两性关系方面。

在弗洛伊德生活的犹太社会中，宗教气氛甚浓，社会禁忌异常严格，外来的天主教和新教思想对犹太民族原有的犹太教造成很大的冲击，人们的精神信仰受到了前所未有的挑战。另外，家长制式的统治仍然盛行于犹太社会，在很大程度上限制着年轻一代的自由成长。在各种社会禁忌中以两性关系的禁忌最为严格，人们的性本能受到极大压抑。由于各种因素的影响，犹太民族中的精神病问题比其他民族更加突出。作为一名犹太精神病医生，弗洛伊德对于身边的患者感同身受，立志为精神病的治疗献出自己的一切。

2. 站在古今哲学家的肩膀上

学生时代的弗洛伊德博览群书，曾将大量时间用在哲学书籍的阅读上。从古希腊哲学到德国古典哲学，曾有多种哲学思想对他产生过重要影响。

古希腊哲学的影响

首先，柏拉图（Plato，公元前427—公元前347）关于爱的学说对弗洛伊德产生过重要影响。柏拉图经常使用的一个名词是"爱的本能"，从它的起源、作用、与性爱的关系等方面来看，都与弗洛伊德的力比多（libido）概念如出一辙。弗洛伊德在论及本能时说过，"产生本能的原因乃是一种恢复事物某种最

柏拉图雕像

初状态的需要"，这句话是受到柏拉图《会宴篇》中一段类似的描述的影响而来的。

其次，弗洛伊德的潜意识概念也源自柏拉图的哲学思想。柏拉图认为，每个人的心灵深处都暗含着一些野蛮的因素。在一定情境下，任何人都可能抛弃他所秉持的道德标准，竭力追求情欲的满足，即使平日道貌岸然的人也不例外。柏拉图将灵魂分为理性灵魂和非理性灵魂：理性灵魂拥有智慧和清晰的观念，是最高的主宰；非理性灵魂又分为两部分，一部分主管高尚的情操，另一部分主管性欲和其他低级情欲。由此可见，弗洛伊德的潜意识概念早在

两千多年前就拥有了其来源。

最后，弗洛伊德的释梦理论也受到过亚里士多德学说的启示。在《论梦》一书中，亚里士多德（Aristotle，公元前 384—公元前 322 年）指出，人们应该重视梦这一现象，梦并非无中生有，但是梦本身可能会像物体在水中的倒影一样被扭曲。弗洛伊德认为，梦是被压抑欲望的伪装的、象征性的满足。他

亚里士多德雕像

把梦分为显梦和隐梦，认为心理咨询师应该能够从显梦中破译出隐梦来，从而揭示出梦的真正含义。两人的观点极为相似，由此我们不难看出，亚里士多德对弗洛伊德有着较为明显的影响。

除古希腊哲学外，德国古典哲学对弗洛伊德也有着明显的影响。

莱布尼茨的影响

莱布尼茨（G. W. Leibniz，1646—1716）是德国第一个古典哲学家，他奠定了德国哲学唯心主义辩证法的思想传统。莱布尼茨提出了多个颇具影响力的理论，其中最为著名的当属单子论。

莱布尼茨通晓古希腊、古罗马哲学、经院哲学，同时熟

莱布尼茨像

悉他所处时代的哲学学说和科学成就。他认为，不论是古希腊、古罗马哲学家，还是同时代的笛卡儿、斯宾诺莎、培根、洛克等学者都没有解决"一"与"多"这一重要问题。莱布尼茨较为赞成原子理论，但他不接受德谟克利特的唯物主义的原子理论。[①] 而在莱布尼茨看来，作为物质实体的原子无论多小，都是空间的一部分，而占有一定空间的事物就一定能够再分，这样的原子不可能是终极性实在。因此，莱布尼茨认为，万物由原子构成，但不是德谟克利特所说的物质的原子，而是精神的原子。莱布尼茨称精神的原子为"单子"。

在单子论中，莱布尼茨把单子分成四个等级，其中最低级的单子包括所有的无生命事物，被称为微觉[②]，既无知觉又无意识。虽然微觉就如同水滴一样力量微弱，但是无数微觉聚在一起却可以构成大海，其力量是非常巨大的。通过比较不难发现，莱布尼茨的微觉说对弗洛伊德建构潜意识理论有着一定的影响。

赫尔巴特的影响

赫尔巴特（J. F. Herbart，1776—1841）是德国著名的哲学家、心理学家和教育家。赫尔巴特的理论对弗洛伊德理论的影响更为直接，也更为深远。

在莱布尼茨微觉说的基础上，赫尔巴特提出了意识阈

---

① 德谟克利特是古希腊伟大的唯物主义哲学家，原子唯物论学说的创始人之一。他认为，万物的本原是原子和虚空，原子是不可再分的物质微粒，虚空是原子运动的场所。

② 四个等级的单子由低级到高级依次为无生物、一般动物、人、上帝。其中，无生物既无知觉又无意识，一般动物有知觉并有记忆，人有统觉（即自我意识），上帝则是全知全能。

（limen of conscious）的概念。他指出，人们头脑中的观念有两种截然不同的状态，一种是完全自由状态，一种是完全抑制状态，两种状态之间有一条界线，这条界线便是意识阈。意识阈之上的观念完全自由，可以被意识到；意识阈之下的观念则完全抑制，属于无意识。某些观念之所以处于意识阈之下，乃是受到意识压抑的结果。在一定条件之下，完全自由的观念可以越过意识阈，下降成为无意识，完全抑制的观念也可以越过意识阈，上升成为意识。意识阈起到了一种类似于检察官的作用。

美国心理学家和心理学史专家波林认为：莱布尼茨的单子论预示了无意识学说，但是无意识学说实际上是由赫尔巴特肇始的。赫尔巴特关于心理学的一系列的思想，对弗洛伊德的精神分析学说具有直接的影响。弗洛伊德的无意识概念显然来源于莱布尼茨和赫尔巴特。

布伦塔诺的影响

布伦塔诺（F. Brentano，1838—1917）是德国著名哲学家和心理学家，也是意动心理学（act psychology）的创始人。当时德国有两种心理学：一是以冯特（W. Wundt，1832—1920）为代表的内容心理学（Psychology of content），盛行于德国的北部；一是以布伦塔诺为代表的意动心理学，盛行于德国和奥地利南部。意动心理学实际上是当时一些心理学家把意识的活动作为心理学研究对象而形成的与冯特心理学相对的一个心理学派。

弗洛伊德年轻时，曾在维也纳大学跟随布伦塔诺学习哲学，对意动心理学非常熟悉；布伦塔诺曾经向弗洛伊德讲过亚里士多德的逻辑学和哲学。这些经历可能使弗洛伊德认识到，在精神结构的组织中，较高级的水平包括较低级的水平，甚至也包括有关死的本能的一些观念；意动心理学还可能使弗洛伊德的心理动力学观点受到了影响。

布伦塔诺和意动心理学

布伦塔诺是意动心理学的创始人。他生于莱茵河畔的马林贝格，年幼时曾立志做一名牧师。从16岁起，先后在柏林、慕尼黑、杜平根等大学学习哲学。1864年在杜平根大学获哲学博士学位。毕业后，受任为格拉茨的地方牧师。

1874年在哲学家陆宰的帮助下，他来到维也纳大学任哲学教授。在维也纳大学他工作了20年，形成了一个举足轻重的意动心理学派或称奥国学派，与冯特的内容心理学相抗衡。在这期间，弗洛伊德听了布伦塔诺的课，还为布伦塔诺承担了将约翰·穆勒的著作翻译成德文的任务。1894年布伦塔诺辞去大学的教职，到瑞士和意大利从事研究和著述。1917年3月17日卒于苏黎世，享年79岁。

布伦塔诺在心理学方面的著作是《亚里士多德的心理学》、《从经验的观点看心理学》、《论心理现象的分类》。布伦塔诺是天主教徒，他的思想深受经院哲学的影响，以为灵魂就是心理现象，研究灵魂也就是研究心理现象。他认为心理学的对象不是感觉、判断等的内容，而是感觉、判断等的活动。他称这种活动为心理的活动或意动。布伦塔诺认为心理学的研究方法是内省，即自我观察。内省是把经验回忆起来加以观察。他认为这种观察不需要实验室，虽然他不反对在实验条件下进行内省。

费希纳的影响

费希纳（Gustav Theador Fechner，1801—1887）是德国哲学家、物理学家、心理学家，实验心理学的重要奠基者。他继承了赫尔巴特的意识阈概念，但二者对于阈限的理解又有所不同。赫尔巴特更为看重观念的强度，费希纳则侧重于考察观念需要具备多大的力量才能使自己上升并保留在意识阈之上。他主要从物理量与感觉量之间的数量关系出发，力图把物理学的数量化方法移植到心理学中来。费希纳认为人的心理就像一座冰山，其大部分藏于水面以下，那里有一些观察不到的力量对它发生作用，这正如弗洛伊德所说"意识是由藏于其下的潜意识所推动一样"，费希纳直接称潜意识为心理能量。弗洛伊德借鉴了费希纳的冰山比喻，并且更加明确地将潜意识视为意识乃至整个人格的动力源泉。另外，费希纳基于他的心理物理学解释了愉快和不愉快产生的原因，这对弗洛伊德后来提出的"恒定原则"有一定的启发意义。在精神分析的著作中，弗洛伊德曾多次称赞费希纳的重大发现并公开承认自己从中获益匪浅。

叔本华的影响

弗洛伊德与叔本华（Arthur Schopenhauer，1788—1860）在很多概念的描述上极为相似，尤其是在一些核心概念上。

首先是关于无意识的论述。叔本华把无意识看作是非理性的，他把人一切的原始冲动和本能欲望都纳入到非理性的无意识之中。他认为，人们

费希纳像

的行为并非处于有意识理智的控制之下，而是被无意识的本能冲动所控制，意识的角色仅仅是个"外交部长"。这一观点与弗洛伊德的无意识论如出一辙。

叔本华像

其次是关于性欲的论述。叔本华认为，性欲是一种最强烈而难以控制的欲望，是生存意志的核心，甚至人类都可以看作性欲的化身；人们在性行为中可以忘记自我，并能够体验到某种幸福和解脱。学者们常常把叔本华的有关思想称为性欲决定论，这一点和弗洛伊德的泛性论观点极为相似。

最后是关于本能的论述。叔本华一方面强调生存意志是所有生物的终极目标和最强的本能，另一方面又彻底否定了生存意志。他认为，所有具有生存意志的物种都在自相残杀，主宰地球的人类也不能例外。生和死是生命的两种必然的极端表现，死亡是生命的债务，也是生命的解脱，人们应该不再有需要、灭绝个体、灭绝种族，最终达到虚无与极乐的神圣境界。不难发现，叔本华的生死观和弗洛伊德有关生与死的两种本能学说在内容上有相通之处。

但是，我们需要指出的是，虽然弗洛伊德和叔本华在思想上存在诸多共同点，但前者否认其学说受到后者的太多影响，因为前者声称他是在比较晚的时候才开始接触后者的著作的。

尼采的影响

尼采（F. W. Nietzsche，1844—1900）是德国现代著名哲学家，他对弗洛伊德的影响主要有如下三个方面：

首先，表现在对深层心理的探究上。尼采认为，人的心理是一个极为复杂的综合体，意识只是其中一个细小的部分，心理活动中的绝大部分属于无意识领域，无意识才是人的心灵的最真实所在。这无疑影响着弗洛伊德潜意识概念的形成。

尼采像

其次，表现在对梦的理解上。尼采认为，与真实生活相比，梦才是人最为内在的本质。他还指出，梦对于人们有着巨大的意义，例如，一定程度上，梦可以满足个体白天食物的缺乏，还可以弥补个体精神的空虚等等。弗洛伊德认为梦是潜意识欲望的象征性满足，这一点无疑是受到了尼采的启发。

最后，尼采曾经提出"替代"、"遗忘"、"升华"等概念，对弗洛伊德有着更为直接的影响。尼采认为，替代是原来无法满足的冲动在某种其他类别的对象上得到释放，升华是原来粗鄙的冲动转移到精致的冲动上，遗忘主要是对过去经验的抑制。弗洛伊德在论及自我防御机制（self-defensive mechanism）时也谈到了上述三个概念，其定义与尼采竟然有着惊人的相似。

3. 自然科学的影响

弗洛伊德所处的时代，正是人类历史上自然科学迅猛发展的时期，其中最具代表性的是进化论（evolutionism）、能量守恒定律（law of conservation of energy）和细胞学说（cytology），这三大发现的问世，在一定程度上影响着弗洛伊德的成长及其理论的形成。

　　在此，本书仅介绍一下达尔文（Charles Robert Darwin, 1809—1882）的进化论对弗洛伊德所产生的影响，另外两大发现的影响相对进化论来说要小得多。

　　弗洛伊德在自传中写到，中学时期的他便被达尔文的进化论所吸引，是进化论著作和歌德描写大自然的散文使他改变了早期想要涉足政坛的人生规划，进而选择医学作为自己的未来职业。

达尔文像

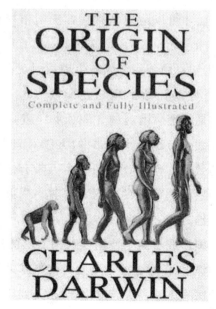

《物种起源》封面

达尔文在《物种起源》里指出，人类起源于动物界，人和动物不单具有差别性，而且具有连续性。受此影响，弗洛伊德倾向于采用生物学的观点解释人类社会和人类行为，甚至常常将人类的生物性置于社会性之上。弗洛伊德特别强调本能对人类心理和行为的控制作用，更有甚者，他认为整个人类社会都建立在力比多（性本能）的基础之上，他也因此被称为本能决定论者。

4. 心理病理学的背景

在漫长的人类历史长河之中，精神疾病产生的原因和治疗方法一直是令人困惑的难题。文艺复兴以前，人们常常把精神疾病看做是"魔鬼附身"，治疗方法主要采用挨饿、捆绑、鞭打等肉体刑罚，结果很多精神病人会在所谓治疗中痛苦地死去。文艺复兴以后，人们逐渐认识到只有现代科学的方法才可以治愈精神病，法国精神病学家皮奈尔（P. Pinel，1745—1826）是这一观点的首倡者。

到了19世纪，精神病学领域生理病因观占据优势，但同时心理病因观也开始出现，麦斯麦（F. A. Mesmer，1734—1815）是心理病因观的先驱人物。麦斯麦采用我们现在称之为催眠术（hypnotism）的方法对患者进行治疗，取得了一定的效果。但是，麦斯麦本人带有浓重的江湖气息，常常遭到主流医疗界的反对和鄙视，因此催眠法迟迟得不到广泛的推广。

后来，法国形成了两个使用催眠法治疗精神病的学派，分别是巴黎学派和南锡学派，至此，催眠术才成为一种得到广泛认可的医病方法。弗洛伊德曾经先到巴黎学派跟随沙可（J. Charcot，1825—1893）学习催眠术，后来又到南

催眠人桥

锡学派跟伯恩海姆（Hippolyte Bernheim，1840—1919）学习催眠术，所以当时两大治疗精神病的学派对他都有影响。另外，弗洛伊德还深受沙可的学生让内（P. Janet，1859—1947）的影响，据弗洛伊德的回忆，让内对他的影响似乎比沙可和伯恩海姆更大。让内与其老师沙可在治疗的理论上是不同的，沙可的治疗属于当时较为保守的生理病因观，而让内则转向了相对先进的心理病因观。弗洛伊德曾经访问过让内所在的萨伯居里医院，对让内的医病技术很感兴趣，深受让内的影响。在学习让内的同时，弗洛伊德修改了一些他的术语，如将心理组织改为情结，将意识缩小改为压抑，将心理分裂改为精神宣泄等。

第二章　弗洛伊德的生平

一、志向远大的寻梦少年

1. 备受歧视的血统和争强好胜的性格

弗洛伊德是伟大的思想家和心理学家，历史之所以将建立精神分析理论的殊誉归于弗洛伊德，除了与他的勤奋努力有关外，与其成长经历也是密不可分的。我们从弗洛伊德的幼年生活着手，了解其家世、早期教育和成长背景，这对于我们了解精神分析的形成和发展具有重要的意义。

犹太民族，一个神奇的民族，公元前 17 世纪至公元前 13 世纪，在今天的埃及一带过着为奴的生活。后来，在民族英雄摩西的带领之下，他们艰难地摆脱了埃及国王法老的统治，长途跋涉到今天的巴勒斯坦一带，在征服此地的原著居民后，定居下来，于公元前 11 世纪建立了强大的以色列王国。后来，据《旧约圣经》记载，犹太人悖逆了上帝，不遵行先祖摩西为他们颁布的律法，上帝便发怒，发起多个邻国攻击以色列王国，最终攻陷耶路撒冷，以色列王国灭亡。上帝将犹太人分散到万国当中，继续过着为奴的生活。上帝在惩罚犹太人的同时，也向他们承诺，将来他们回归上帝的时候，上帝将会使以色列复国。① 按照历史记载，犹太人至少经历了 2500 年的受外族奴役的历史，在长期为生存和独立进行斗争的过程中，犹太人顽强地坚持着自己的宗教信仰、文化传统以及特殊的生活习俗，表现出鲜明而独特的民族特性。

摩西带领犹太人离开埃及

迄今为止，这一民族已经为人类文化作出了巨大的贡献。据资料统计，犹太人占世界人口总数不到 0.3%，但获诺贝尔奖的人数却占诺贝尔奖总数的 22.35%，截至 2008 年，

诺贝尔奖章

① 由于《旧约圣经》和犹太民族英雄摩西对弗洛伊德的影响巨大，所以此处引入《旧约圣经》的记载，历史对这段时间的记载与圣经大体相似。

共有 164 位犹太人获得了诺贝尔奖。这一奇特现象被人们称为诺贝尔奖中的"犹太情结"。

犹太人的特点之一：高智商

人类智商一般在 90～100 之间，而犹太人的智商比人类智商的平均数高出 20～30 左右，德国纳粹因为犹太人在智商测验中比一般德国人的智商高而被禁止测验智商。对于犹太人为什么智商高解释不一，没有统一的定论，主要解释有以下四点。

一、犹太人经过近两千年散居在世界各地，和当地人通婚，客观上形成了远血缘繁殖的作用，其后代一般比近血缘的繁殖智商要高。

二、传统上，犹太人喜欢研究智慧全书《塔木德》，对整个民族的智商有一定的启发作用。

三、中世纪反犹的欧洲，禁止犹太人从事农业或者在政府部门任职，迫使犹太人从事需要高智商的商业和金融业，加上犹太人往往在从事高智商工作的犹太人内部通婚，这加速了后代智商的提升。

四、犹太人身处普遍反犹的环境中，必须依靠智力才能生存，所以形成了犹太人对知识和智慧的重视。

无疑，犹太民族是一个神奇的民族，正是这个神奇的民族孕育了弗洛伊德这位神奇的伟人！

弗洛伊德 1856 年生于现属捷克的摩莱维亚的小城弗莱堡。其父雅克布（Jocob Freud）是一个不得志的犹太呢绒商人，他一生共有 10 个孩子，弗洛伊德是他的第三任妻子所生的总共 8 个孩子中的长子。资料普遍记载的弗洛伊德

的生日是 5 月 6 日，但在 1968
年人们检查弗莱堡的城志时发
现，弗洛伊德的生日应该是 3
月 6 日。据巴尔玛丽（M. Bal-
mary）推测，弗洛伊德的父母
把其生日报告为 5 月 6 日而非
3 月 6 日，是想掩盖其母亲结

幼年弗洛伊德所住的房子

婚时就已经怀孕的事实。巴尔玛丽以为这对弗洛伊德的早
期观点有着重要的影响，甚至影响到他后来创立的理论。

弗洛伊德的人格特点与他的犹
太血统有着直接的联系。长达数千
年的历史中，犹太人所受的歧视、
侮辱、迫害甚至大规模屠杀不计其
数，这些造就了犹太人勇敢斗争的
顽强精神，这种精神通过雅各布传
到了弗洛伊德的身上。据弗洛伊德
回忆，当他在学术上处于四面楚歌

童年时期的弗洛伊德

的境地时，这样顽强的民族精神唤醒了他继承先辈们为保
卫耶路撒冷圣殿所具备的那种蔑视一切的全部激情，以及
为了真理而献身的可贵精神。有资料记载，幼年时期的弗
洛伊德就极为争强好胜，在与比自己还要大的侄子发生口
角时，弗洛伊德从不妥协，不战胜对方绝不罢休。他的这
一性格也表现在后来的生活中，当他与布洛伊尔、阿德勒、
荣格等人发生分歧时，他从来没有做出过任何学术上的让
步，以至于学派内部的分裂行为时常发生。

2. 两大宗教影响之下的非信徒

弗洛伊德的父亲雅各布是个犹太教教士的儿子，严格

地信仰着祖传的犹太教，他从事布匹生意，工作异常繁忙，但常常忙里偷闲地拿起圣经给儿子进行讲解，这对弗洛伊德有着深远的影响。弗洛伊德的母亲阿美妮，是一位非常贤惠的妇女，她对弗洛伊德的影响比父亲雅各布还要深，这不仅是因为阿美妮对儿子的关怀更多，还因为雅各布逝世后，阿美妮更长时间地同弗洛伊德生活在一起。和雅各布一样，阿美妮同样是位虔诚的犹太教徒。阿美妮共生了两个男孩和五个女孩，弗洛伊德排行老大，阿美妮认为这个孩子天资非凡，故对他寄予厚望。在知识学习和智力发展上，母亲常常给弗洛伊德更多有利的条件和特殊的照顾，这一点甚至引起了弟弟、妹妹们的嫉妒。

弗洛伊德和父亲雅各布

　　弗洛伊德的幼年无疑是幸福的，这个幸福包括了物质上的满足和精神上的受重视。他对母亲的眷恋或许就植根于这个时期，在后来的一封给朋友的信中，40岁的弗洛伊德写道："我发现，我也一样眷恋母亲而嫉恨父亲，如今我认为这是天下儿童皆然的现象。"

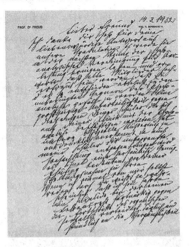

弗洛伊德手迹

他的家境不算富裕，但为了给他一个良好的早期教育，父母在他几乎不能记事的时候就给他请了一个保姆，这个保姆多少带点儿家庭教师的性质，因为这个保姆很聪明，虽然样子有些难看。保姆名叫娜妮，是一个虔诚的天主教徒，她常在礼拜日带着弗洛伊德去教堂，并时不时给他讲一些仁慈的主耶稣道成肉身、医病救人、甘心受难的圣经故事，以至于幼年弗洛伊德常常将这位主的故事带回家来讲给父母听。可见，耶稣在幼年弗洛伊德心目中是非常和蔼可亲的，这无疑对他后来的发展有着重要的影响。可惜的是，保姆因为被怀疑偷盗了家中的财物，而被辞退了。这件事令弗洛伊德非常痛心，直到几十年后，他仍然对保姆的离开表示惋惜。

到了6、7岁时，没有了保姆，加上弗洛伊德也需要进一步扩大知识面，而恰逢雅各布此时清闲，于是雅各布便成为弗洛伊德的新一任教师。雅各布使用的教材只有一本，便是犹太教的《圣经》①，这是由雅各布的犹太教信仰决定的。后来，在弗洛伊德的回忆中，他坦率地承认《圣经》对他的知识、智力和道德发展所起的积极作用，在著作中他也常常引用《圣经》中的话语。

　　与此同时，母亲阿美妮也成为弗洛伊德的启蒙教师之一。据他的回忆，在 6 岁时，母亲给他上了第一节课。她说，我们人类本是大自然的尘土，由于上帝将生息赐给我们，我们才得到生命，但我们最终必将复归尘土。弗洛伊德当场表示绝不相信这一套理论，一向温柔的母亲顿时发怒了……这件事说明，一方面，弗洛伊德的父母一直都在

弗洛伊德和母亲阿美妮

---

　　①　犹太教《圣经》和天主教《圣经》的区别在于，前者只有旧约部分，而后者则包括旧约和新约两部分。

试图将儿子培养成为传统的犹太教信徒；另一方面，童年弗洛伊德就已经养成了善于思考、勇于批判的思维习惯。

然而，尽管曾经受到天主教和犹太教的深刻影响，但弗洛伊德始终没有成为任何宗教的信徒。相反，在以后的著作中，他以自己严谨而科学的理论对宗教进行了深刻分析，得出了"一切宗教都是人类恋母情结的衍生物"的结论。

3. 成绩骄人的中学时代

由于拥有无与伦比的聪明天资，争强好胜的性格特征，再加上饱含期望的家庭早期教育，弗洛伊德9岁时就以优异的成绩考入了只有优秀学生才可以进入的文科中学（gymnasium）进行学习，这比通常的入学年龄提前了一年。

这所文科中学与一般中学不同，它是八年制，其间不仅要学完中学全部课程，还要修完大学预科的课程。即使是在这样高手如云的学校，弗洛伊德仍然出类拔萃，连续七年都是年级第一。鉴于他学习成绩的一贯优异，学校给了他一些令人羡慕的特殊政策，他的所有课程都可免试通过。可以想象，当时的弗洛伊德拥有何等的荣耀！

虽然成绩骄人，但是弗洛伊德只是将一部分精力投入到功课的学习上。在课外，他兴趣广泛，阅读的书籍几乎涉及当时所有的学科，比如外语、文学、物理、化学、地理、数学、哲学、历史等等。读书时，弗洛伊德总是勤于思考、处处留心，常能读出别人读不出的东西来。读书对于弗洛伊德来说不是一种负担，而是一种享受。中学时期的他已经将读书视为了生活中必不可少的一部分，这种习

27

惯一直保持到了他去世。

父母对弗洛伊德的学习仍然是一如既往地支持。上中学时，虽然家里居住条件比较拥挤，但是父母仍把唯一的起居室让给他做书房兼卧室。晚上，弗洛伊德可以点一盏煤油灯来照明，这在当时算得上是最先进的照明方式了。弗洛伊德的妹妹常常在家里练习弹钢琴，弗洛伊德认为这影响到自己的独立思考，坚持要妹妹把钢琴搬走，面对如此霸道的哥哥，妹妹坚决不同意他的要求，于是兄妹俩常常闹别扭。没多久，母亲阿美妮便把钢琴搬走了……

在父母的支持和自身的努力之下，弗洛伊德顺利通过中学毕业会考并再次取得优异成绩。尤其值得一提的是，毕业时，他取得了免试进入大学读书的资格。

中学时期的弗洛伊德就显示出超常的学习语言的天赋。他精通拉丁语和希腊语，后来又熟练地掌握了法语、英语，还自学了意大利语和西班牙语，对于犹太人原有的希伯来语，也相当熟悉。他特别喜欢英语，他曾经说过，有整整10年的时间他一直在读英文书籍。通晓多种语言，为弗洛伊德将来汲取多领域知识带来了便利。

弗洛伊德一直都对文学有着超乎寻常的兴趣。他喜欢古希腊神话故事，也喜欢近代欧洲经典的文学著作，其中他最推崇的作家要数莎士比亚（William Shake-speare，1564—1616）和歌德（Johann Wolfgang von Goethe，1749—1832）。他从8岁就开始阅读莎士比亚的作品，一直坚持到

莎士比亚像

老年，终将莎翁的作品读完。此外，弗洛伊德十分喜欢歌德的散文，歌德关于大自然和人的描写和颂赞总能够使弗洛伊德陶醉于其中。

性格上，弗洛伊德是疾恶如仇、勇于斗争的。中学时期，曾经有这样一件事深深印入弗洛伊德的记忆里挥之不去。有一次，父亲雅各布给他讲了一段自己的经历。

父亲说："在我年轻时，在某一个周末，我穿着整齐，戴上毛皮帽，在家乡的街道上散步，迎面来了一个

歌德像

基督徒，毫无理由地就把我的帽子打入街心的泥浆中，还大声骂道：'犹太鬼，滚出人行道！'"

弗洛伊德问："那你当时是怎样对付他的呢？"

雅各布静静地回答："我就走到街心，把帽子捡了起来。"

这对弗洛伊德是一个莫大的打击，他惊讶于自己心目中高大威严的、被作为英雄来崇拜的父亲，竟然是如此的毫无骨气和令人失望。

少年弗洛伊德一向是崇拜英雄人物的，其中包括征服波斯和埃及的马其顿王亚历山大大帝、宣誓要与罗马人为敌的汉尼拔、英勇解放犹太人的民族英雄玛桑纳、法国资产阶级共和国之父拿破仑等。有资料记载说，弗洛伊德曾有一个愿望，就是成为一个带兵的将军，但是数年后，他在 23 岁时的参军经历使他完全放弃了这个幻想。但是，若干年后，他将转而成为另一个世界的将军，进军欧洲，进军全世界，这个世界便是精神分析。可见，弗洛伊德的身上始终有一种征服者的气质。

青年时期的弗洛伊德

4. 择业时的再三思量

从文科中学毕业的前夕，弗洛伊德像所有同学一样，面临择业的困惑。或许是他的爱好太过广泛，或许是适合他的职业太多，他的徘徊和彷徨反倒比他的同学更多。

前已述及，弗洛伊德曾经想要成为一个将军，后来由于环境的影响，这一愿望逐渐弱化，直至 1879 年参军服役一年后，他才彻底放弃了这一计划。

进大学学习法律并在政府部门就职，也曾经是弗洛伊德的梦想。因为就当时来说，在政府部门工作既受人尊重，又能够享受高薪。但是，他常问自己，在政府部门工作真的适合自己这样的富于创新的青年吗？

他也想过去当一个哲学家，但是哲学工作的枯燥和清贫又使他不得不三思。这一点表现在他后来写给弗里斯（Wilhelm Fliess）的信中，他说："年轻时我除了学习哲学知识外，不知还有更进一步的愿望。现在，从医学到心理学，这愿望实现了。我是违心地当上医生的。"①

为什么弗洛伊德最终放弃了他对生涯的种种设计呢？笔者认为，大致有以下两个原因。首先，在弗洛伊德的年代，哲学是受到轻视的，哲学家的命运大多是凄凉的。其次，从弗洛伊德的性格来看，他好自由、善探索、喜思辨、爱创新、敢反抗，而这些并不太适合政府工作这一职业。

为什么弗洛伊德是"违心地当上医生"了呢？笔者认为，这是弗洛伊德的个性特征使然。医生这个职业既能够满足他的上述几种个性特点，又能够提供一份较为丰厚的收入。当时弗洛伊德的父亲在证券交易中遭遇严重失败，家境空前拮据，弗洛伊德选择医生这一职业也是出于家庭经济的需要。此外，还有一个原因，当时达尔文的进化论已经广泛传播起来，弗洛伊德深刻地受到了达尔文的影响，加上弗洛伊德常常陶醉于歌德描写大自然的散文之中，这些都促使他对自然界和生物界产生了探索的愿望，从而最终选择了医学。

我们应该庆幸弗洛伊德最终选择了医学，否则今天的心理学可能就是另一种面貌了。

二、早期的学术生涯

1. 成果丰硕的大学时代

1873年，弗洛伊德从文科中学毕业。不久，刚满17岁的他被保送进入著名的维也纳大学（University of Vienna）医学院，开始了他8年的学医生涯。维也纳大学在德语国家中是一所历史仅次于布拉格大学（University of Prague）的高等学府，它的医学院、法学院和神学院在欧洲享有盛誉。能够保送进入这样的高等学府，是多少同龄人梦寐以求的事。弗洛伊德在同学们羡慕的目光中开始了他新的生活。然而，前面的道路是平坦还是坎坷，一流的高校是否能够接纳自己的犹太血统，弗洛伊德对未来心存忧虑。

维也纳大学

正如所担心的那样，入学不久，弗洛伊德就遭遇到了不小的挫折，他越来越感受到自己的犹太出身所带来的种种不公正待遇，这使他常常感觉到孤立无助且备受压抑。弗洛伊德因此大受刺激，他更加强烈地意识到，只有通过自己的不懈拼搏换来真才实学，才能够在这个残酷的世界寻得自己的一席之地。这种不利环境也促成了他日后刻苦勤奋、不知疲倦的工作风格和独立判断、绝不盲从的思考习惯。

维也纳大学有个规定，所有专业学生都要学习哲学，弗洛伊德本来就对哲学情有独钟，这下就更加重视对哲学的研读了。当时，著名哲学家布伦塔诺担任弗洛伊德的老师，这位资深教授的课堂可谓精彩纷呈，每次上课弗洛伊德都自感领悟颇丰，他越来越喜欢布伦塔诺教授和他的哲学课了。

布伦塔诺像

由于从布伦塔诺那里得到很多新的观点，弗洛伊德对哲学更加狂热，他成了学校书店的常客，每当新的哲学书籍发行后，弗洛伊德就会带一本回家。当时父亲雅各布的生意很不景气，据说弗洛伊德大量购书的行为曾使得父子俩的关系一度紧张。不过，今天我们或许应该感谢这样的购书行为，否则精神分析就可能只限于精神病的治疗而难以延伸到其他领域了。

在医学和生理学方面，对弗洛伊德影响最大的要数著名的生理学家布吕克（E. Brucke，1819—1891）教授了。布吕克教授身材矮小，却有着超人的智力。维也纳大学给了布吕克教授三间破旧的房间，布吕克教授充分发挥自己的智慧，因地制宜，把这里建成了中欧最有影响力的生理研究所。从1876年开始，刚刚进入大学三年级的弗洛伊德进入布吕克教授的生理研究所学习，一直延续到6年后他从维也纳大学毕业。

自从遇到布吕克教授，弗洛伊德"四面出击"的学习风格才逐步收敛起来，他渐渐明确了自己的研究方向。据弗洛伊德后来的回忆，在布吕克教授的生理研究所，他才找到了归宿和满足，也找到了他应该敬慕并可奉为楷模的人。在这里，布吕克教授不仅传授了弗洛伊德可贵的科学知识和实验技能，而且培养了他脚踏实地、一丝不苟的科研风格。在学术观点上，布吕克教授把一切有机物的活动归结为力的作用，这一点对弗洛伊德以后建立动力心理学有着重要的影响。

在布吕克教授的生理研究所，弗洛伊德还认识了一个对他来说意义重大的人物，这便是奥地利生理学家、内科医生兼精神病医生布洛伊尔（J. Breuer，1842—1925）。布洛伊尔比弗洛伊德大 14 岁，毕业于维也纳大学医学院，是弗洛伊德的学长。

布洛伊尔像

布洛伊尔是一家私人诊所的开业医生，由于医术高明，很快就声名远播，他同时也在布吕克教授的生理研究所协助教授开展一些研究。弗洛伊德和布洛伊尔情投意合，很有相见恨晚的感觉，二人很快成为至交密友。布洛伊尔为人热情，常常邀请弗洛伊德到自己家中做客。由于弗洛伊德的父亲在生意场上接连失意，弗洛伊德的家中经济日益拮据，布洛伊尔常常给他以无私的援助。在生理研究所，除布洛伊尔外，弗洛伊德还认识了艾克斯纳和马克索两位同事，他们也很快成为了弗洛伊德的挚友。总之，在布吕克教授那里，弗洛伊德不仅为自己将来的事业奠定了坚实的基础，而且朋友们的热心帮助使他顺利度过了经济上和心理上最困难的时期。

布吕克教授交给弗洛伊德的第一个科研题目是研究鳝

鱼生殖腺的结构。按照布吕克教授的要求，弗洛伊德反复进行实验，前后共解剖了 400 多条雄性鳝鱼，最终得出了可贵的研究结果。1877 年，弗洛伊德的第一篇科研论文《鳝鱼生殖腺的形态和结构》问世，布吕克教授对该文给予了极高评价，在教授的推荐下，该文发表在了科学院学报上。应该指出，此次的研究对象虽然是鳝鱼而非人，但毕竟是弗洛伊德第一次致力于性的研究，可以被认为是他终生从事性研究的开始。

正当弗洛伊德在布吕克教授门下潜心研究之时，奥地利的国家局势发生了变化，一场战争悄然而至。1879 年，为了抵制俄国在巴尔干半岛的扩张，奥地利和德国组成同盟对俄宣战。奥地利政府出台政策，全国各级学校一律进行军训，凡适龄青年必须参军，弗洛伊德时年 23 岁，满怀爱国热情的他应征入伍。值得庆幸的是，这场战争时间不长，弗洛伊德并未参加什么实质性的战役便于 1880 年复员了。

复员后，弗洛伊德继续在布吕克教授的指导下研究神经系统的解剖生理学。这一专业对弗洛伊德来说本该大有可为，但考虑到谋生的需要，他不得不在一年后放弃了研究，因为在当时，潜心研究不能带来可观的经济收入，而收入对他来说太重要了。

1881 年 3 月，弗洛伊德凭借其颇具价值的研究成果，获得了医学博士学位，同时结束了他长达 8 年的大学生活。这一年他 25 岁。

2. 成家与立业

大学毕业后，弗洛伊德很想成为一名在大学任教的医学教授，因而他继续留在了布吕克教授的生理研究所。这样做的好处是，一来可以在教授的指导下进行科学研究，以便能取得高质量的研究成果；二来可以担任大学助教，为将来晋升教授创造条件。

1882 年 4 月的一天，弗洛伊德下班回家，发现客厅里坐着一位年轻漂亮的姑娘，姑娘正在和自己的家人聊天。第一次看见这位姑娘，他就疯狂地迷恋上了她，称她为"嘴唇会衔来玫瑰和珍珠的神仙公主"。正是这样的一次邂逅，把二人的命运牢牢地拴在了一起。

这位姑娘名叫玛莎（Martha Bernays, 1861—1951），比弗洛伊德小 5 岁，其父名叫柏尔曼（Berman Bernays, 1826—1879），和弗洛伊德的父亲一样，是一位犹太商人。玛莎与弗洛伊德可以说是一见钟情，最终成为弗洛伊德的终身伴侣。碰巧的是，玛莎的哥哥埃里（Eli Bernays）则与弗洛伊德的妹妹安娜（Anna freud）喜结良缘。

玛莎像

弗洛伊德与玛莎从恋爱到婚姻进展并不顺利。因为，此时的弗洛伊德经济上极为窘迫，父亲雅各布因年逾花甲已经不能继续他的生意，弗洛伊德必须承担赡养父母和照顾弟弟妹妹的重任，而他在布吕克教授那里的收入极为微薄，据说每月只有 40 美元左右。更让弗洛伊德恼火的是，玛莎的母亲和哥哥对于玛莎和弗洛伊德的婚约强烈反对，主要原因仍不外乎是经济因素。因此，为了早日抱得美人归，弗洛伊德不得不开始考虑为结婚准备必要的金钱，而此前，一向高傲的他是不屑于谈论金钱的。

布吕克教授了解弗洛伊德的处境，他劝弗洛伊德放弃纯理论的研究，建议弗洛伊德先去正规医院接受训练，然后挂牌开业。尽管有些不舍，弗洛伊德最终还是接受了恩师的这个建议。于是，他离开了布吕克教授的生理研究所，去维也纳综合医院做了一名助理医师，开始接受系统的医学训练。

1882年弗洛伊德事业上的这次转变，从实际效果来看，远远超出了他自己的想象，也超出了那位聪明绝顶的布吕克教授的想象。因为，这次转变产生了震惊世界的结果，酝酿出了十几年后的精神分析理论。事过多年，当弗洛伊德在精神分析研究中已经取得累累硕果的时候，他回过头重新评价自己在1882年的转业决定，才意识

维也纳综合医院

到这次转变带来的重大意义。转业之后，弗洛伊德获得了真正的医学实践机会，为日后进行精神分析研究积累了丰富的素材。

从1882年到1885年，弗洛伊德在维也纳综合医院期间，先后在外科、内科、精神科、皮肤科、耳鼻喉科、神经科、眼科担任实习医生，由于医疗效果颇佳，很快便依次升为了副医师和医师。

1883年5月，弗洛伊德利用空暇时间到梅纳特（Meynert）的精神病治疗所实习，这使得弗洛伊德收获颇丰。梅纳特是一位著名精神病医生，弗洛伊德在大学时就常听梅纳特的课。这次，梅纳特对大脑神经错乱症的研究给了弗洛伊德很大的启发，引发了弗洛伊德对精神病学的极大兴趣。

布吕克教授对于这个得意门生的关心从来没有中止过，在他的推荐下，弗洛伊德于 1885 年春离开维也纳综合医院，进入维也纳大学医学院担任讲师。是年 10 月中旬，同样在布吕克教授的推荐下，弗洛伊德得到了一笔颇为可观的出国考察经费，利用这笔经费，他决定去法国待一段时间，向那里的精神病学家沙可进行学习。

沙可教授拥有当时欧洲最大的精神病诊所和最先进的治疗手段，他的诊所收治了数千例精神病患者，他最为擅长的治疗手段是催眠术（hypnotism）。沙可广收学生，大量来自世界各地的精神病学爱好者云集到了他的课堂上。沙可还创造性地把临床治疗和课堂教学结合在一起，为了使教学效果更加直观化，他数次将病人带到课堂上，对其进行催眠治疗。因此，沙可的教学取得了良好的效果。

在沙可的课堂上，弗洛伊德系统地学习了催眠治疗技术。另外，沙可对癔症（hysteria）做了大量的具有开创性的研究，这些都大大开阔了弗洛伊德的眼界，为他日后探索患者的心理症结和用催眠法治疗疾病提供了思路。

1886 年 2 月，弗洛伊德从巴黎回国。此时他心爱的玛莎已经等了他整整 4 年，考虑到青春易逝，弗洛伊德满怀歉意，决定尽快和玛莎结婚。可是，经济上的窘迫仍然存在，拿什么去迎娶新人呢？于是，4 月 25 日，在维也纳市区市府大街 7 号，一家新的诊所开业了。

沙可的催眠教学

　　也许是留法学习的经历引人注目，诊所开业的前两个月就有了不错的收入，不过，这些收入对结婚来说仍然是杯水车薪。幸好，玛莎的姑妈和叔叔赠给玛莎一笔不小的嫁妆，长期困扰弗洛伊德的经济问题竟然以这种方式意外地解决了。于是，1886 年 9 月 14 日，这对长期靠鸿雁传情的恋人终于踏进了婚姻的殿堂。

　　3. 自由联想法和精神分析的开端

　　在当时看来，弗洛伊德治疗精神病的方法颇为先进，包括电疗、浴疗、推拿疗法和催眠疗法，都取得了一定的效果。但是，随着治疗的深入，他发现前面三种疗法只有较为短暂的疗效，所以，不久后他便主要使用催眠疗法。

　　需要指出的是，此时的英法等国家，催眠法已经得到了社会的普遍认可，但在奥地利，催眠法仍被视为一种邪术，受到主流医学界的诋毁和排斥。有一次，为了向奥地利的医学界介绍这种来自法国的新疗法，弗洛伊德将一位

弗洛伊德和玛莎的生活照

男性歇斯底里病患者当众进行催眠，患者的症状便消失了。虽然这次治疗未能使得主流医学界完全接受催眠疗法，但是在很大程度上扩大了催眠疗法的影响，尤其是很多患者及患者家属开始逐步接受催眠疗法，这为催眠疗法的推广奠定了基础。

在对精神病患者进行治疗的过程中，弗洛伊德逐渐注意到精神刺激对于患者身体的控制作用。患者往往不自觉地、自然而然地就会接受精神刺激的摆布，他们做出的很多行为似乎并没有经过大脑的思考，单凭咨询师的语言暗示就能够诱发这些行为。于是，弗洛伊德开始思考无意识的存在及其巨大作用。通过催眠疗法的使用，他发现在患者的意识背后，确实潜藏着一种不同于意识的、强有力的心智过程，这种心智过程为意识提供了强大的动力，这便是无意识。这样，弗洛伊德迈出了创立精神分析理论的最为重要的一步。

由于采用了催眠疗法，很多患者的精神病症状被治愈，诊所的收入也在稳步上升。但是，经过长期临床实践后，弗洛伊德发现催眠疗法的作用仍旧有限，其疗效在某种程度上依赖于被催眠者对主持催眠者的信任程度，即使在信任程度较高的前提下，仍有部分患者无法被成功催眠，或者即使被催眠也无法进入预期的睡眠深度。怎样才能对催眠法进行改进呢？

1889 年夏，带着对催眠法的疑惑，弗洛伊德二度前往法国，向南锡学派的催眠大师伯恩海姆求教。在伯恩海姆的诊室，弗洛伊德观看了他给病人治疗的全过程，与伯恩海姆在催眠过程中的眼神、动作、手势以及富有磁性的声音相比，弗洛伊德深深体认到了自己的不足。于是，弗洛伊德加倍努力，力争使自己在催眠过程的每一环节做到天衣无缝。通过此次学习，弗洛伊德的催眠技术比以前着实又上了一个新的台阶。

回到维也纳后，弗洛伊德使用从伯恩海姆那里学来的更富疗效的催眠法对病人进行治疗。但是，在一部分患者身上，新的催眠法依然不能奏效。弗洛伊德忽又想起，即使是伯恩海姆，也对部分患者无能为力。此时，弗洛伊德再次表现出勇于挑战权威的可贵品质，他遂决定，应对催眠法进行彻底的改造和全面的发展。

真正的精神分析，始于对催眠法的放弃。

凭借丰富的临床经验，更凭借非凡的先天禀赋，弗洛伊德提出了一种崭新的疗法，他把它称为"宣泄疗法（catharsis）"，也可以叫做"谈话疗法（talking cure）"，也就是我们现在说的自由联想法（free association technique）。该方法的基本思路是，咨询师极力使患者回忆被遗忘的经历，尤其是生命早期的创伤性经验，然后咨询师给予针对性治疗。

弗洛伊德的操作过程如下。他让病人躺在自己诊所特制的长沙发（couch）上，身心放松，无拘无束，没有什么戒律和规条，只有思想的自由游荡。为了避免双方视线的相互干扰，弗洛伊德和病人相背而坐，静听病人海阔天空的倾诉。无论病人的语言怎样荒谬或语无伦次，医生都不可打断，只能跟随病人的思想进行一场幻想之旅。当病人的语言中断时，医生便寻机发问、因势利导。在整个过程中，医生既要融入病人的思绪，又要身处事外，能够适时退出。自由联想过后，医生要对所得到的材料进行分析解释，直到医患双方都认为找到了病因为止。

自由联想法的诞生，标志着精神分析学的萌芽。从此，该方法便成为弗洛伊德最主要的治疗和研究手段。

使用自由联想法治疗精神病患者的同时，弗洛伊德收集了大量的临床资料。在弗洛伊德的提议下，1895 年，他与自己的学长布洛伊尔合作出版了一部名为《歇斯底里研究》① （*Studies on Hysteria*，1895）的著作。这一事件标志着精神分析学的真正开端。

三、生命中最辉煌的岁月

在《歇斯底里研究》书中，弗洛伊德开创性地指出，歇斯底里病产生的根源是心灵深处的原始欲望。但该书尚未指出，这些原始欲望是在何时、因何原因才受阻，进而

---

① 《歇斯底里研究》也被译为《癔症研究》，该书被认为是精神分析学的第一部划时代的著作，它奠定了弗洛伊德学说的理论基础，标志着精神分析学的诞生。

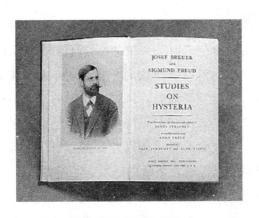

《歇斯底里研究》出版

导致精神病的。为了解决这一问题，弗洛伊德凭着自己的执著和勤奋，继续开展了更为深入的研究。不久，他便取得了丰硕的研究成果，包括关于俄狄浦斯情结的理论、释梦理论等，为最终建立无意识理论奠定了坚实的基础。与此同时，由于在具体理论上，弗洛伊德和其他学者大相径庭，因此他的理论也将他置于前所未有的孤立状态。

1. 俄狄浦斯情结的提出

每当弗洛伊德试图发现或验证一个新的观点时，总是先将自己作为第一个研究对象。正如若干年前在自己身上发现了可卡因的麻醉作用一样，这次，弗洛伊德通过自我分析发现了颇具争议的俄狄浦斯情结。

弗洛伊德曾经分析过自己的一些早年生活经历。有一次，刚刚两岁多的他偶然尿床，遭到了父亲严厉的批评。还有一次，在弗洛伊德七岁时的一个深夜，他在睡梦中醒来，听到父母卧室有声响，便迷迷糊糊地进去了，父亲立即将他赶出，他心中愤愤不平，感觉像是受到了父亲的侮辱。另外一次，12岁的他听说父亲任由别人打掉自己的帽子却忍气吞声，父亲高大的形象再次大打折扣。通过回忆，弗洛伊德发现，几乎在自己所有的早期记忆当中，父亲都扮演着负面的角色，而母亲却总是给自己带来温馨和爱慕。经过自我分析，弗洛伊德认为，自己从小就有爱恋母亲的特殊心理，更为重要的是，这种对母亲的爱恋竟然与男女间的性爱有着惊人的相似，同样具有排他性、独占性和身心愉悦性。父亲的形象之所以总是糟糕透顶，或许就是自己在潜意识中把他视为情敌的结果。

接下来，弗洛伊德把自我分析的结果进一步推而广之。他认为，人类从小就具有性欲，这种性欲是人类一切精神力和生命力的原动力。人们很可能命中注定的、第一个性冲动的对象便是自己的母亲，而第一个嫉恨的对象便是自己的父亲。在此，弗洛伊德借用古希腊神话故事《俄狄浦斯王》的名字来命名这个新发现的情结，称之为"俄狄浦斯情结"。

俄狄浦斯情结的提出给弗洛伊德本人带来了正反两方面的影响。首先，俄狄浦斯情结奠定了精神分析理论的基础，决定了精神分析在以后发展中的基本方向；同时，它也成为精神分析理论的一个重要特色，是否承认俄狄浦斯情结成为判断一个观点是否属于精神分析理论的重要标志。其次，这一理论挑战了人类社会数千年来的道德底线，引起众多保守人士的强烈不满，弗洛伊德因此陷入了空前的孤立。

俄狄浦斯情结的提出带来的另一后果是，为日后的精神分析学派埋下了分化和分裂的种子。在此，我们把弗洛伊德生前精神分析阵营的几次主要分裂活动罗列如下：1896年，布洛伊尔与弗洛伊德彻底决裂；1906年，弗莱斯与弗洛伊德断绝关系；1911年，阿德勒与弗洛伊德决裂；

1912 年，斯特克尔与弗洛伊德决裂；1914 年，荣格与弗洛伊德决裂。

　　2. 用理性揭开梦的神秘面纱

　　在治疗精神病的过程中，弗洛伊德发现，除了自由联想法可以用于了解病人的无意识以外，梦也是通往无意识的一条重要途径。他认为，梦的内容往往来自被遗忘的童年生活和鲜为人知的各种愿望，梦是无意识心理的自我表现。基于这样的考虑，弗洛伊德准备利用手头的大量梦例来写一本释梦方面的书。

　　1899 年，弗洛伊德完成了他的惊世巨著《梦的解析》（*The Interpretation of Dreams*，1900）。此书本来定于当年出版，但据说有一位高瞻远瞩的出版商看到了此书超乎寻常的价值，有意推迟一年，即定于 1900 年——新世纪的第一年——出版了《梦的解析》。《梦的解析》的价值是举世公认的，在谈到此书时，连一向自谦的弗洛伊德自己也禁不住以颇为自负的口气说："这本书包含了我有幸能做出的发现中最有价值的部分，这种洞察力即使能让人有幸碰上，一生中也不过只有一次而已。"[①] 可见，《梦的解析》在这位思想家心目中的分量超出了他的任何一本别的著作。《梦的解析》仅在弗洛伊德生前就再版 8 次，并且被译为多种语言在全世界风靡一时，没有人能够统计出该书总共销售的册数。

　　《梦的解析》的伟大之处，在于它从全新的视角对梦进行了诠释，引导人们揭开梦的神秘面纱，走进这个人类心灵中最为隐秘的领域。过去，人们一般认为梦是感性活动

---

　　① 《释梦》英文第三版序。

的产物，而《梦的解析》则在人类历史上第一次成功地运用理性的武器打开了这块"感性的土地"。今天，尽管《梦的解析》出版已经 100 余年了，但弗洛伊德所阐述的梦的基本思想和方法始终未曾受到实质性挑战，甚至任何值得研究的替代性理论都未曾出现。正是因为《梦的解析》的出版，弗洛伊德才声名远扬，被誉为"心灵世界的哥伦布"和"精神领域的达尔文"。

《梦的解析》封面

　　《梦的解析》中，弗洛伊德指出，梦并非像前人所认为的那样毫无意义，而是被压抑的欲望的象征性满足。为了说明所有的梦都包含深层次的含义，弗洛伊德把梦分为显梦（manifest content）和隐梦（latent content）两个层次。显梦指梦的表面现象，即人们真实体验到的梦境；隐梦指梦的真正含义，即隐藏于显梦背后的各种潜意识欲望，尤其是性的欲望。关于隐梦如何转化为显梦，以及如何通过显梦去挖掘隐梦，我们将在后面的章节中说明。

　　3. 在日常生活中挖掘无意识

　　《梦的解析》出版后，弗洛伊德没有丝毫懈怠，他深深知道，无意识领域高深莫测，绝非释梦方法所能穷尽，一定还有其他方法可供使用。于是，他开始大量收集素材，去研究日常生活中人们的遗忘、口误、笔误、错别字等过失现象，他认为，这些看似琐碎的细节背后，一定隐藏着潜意识的巨大能量。

经过弗洛伊德的耐心观察和潜心思考，终于在 1904 年出版了他的名著《日常生活的心理奥秘》（*The Psychopathology of Everyday Life*，1904）。书中，弗洛伊德指出，日常生活中之所以会出现诸多的过失现象，是因为无意识的活动所致。人们在生活中发生失误现象的时候，其心理机制就如同夜间的梦一样，都是因为意识对无意识的疏于监督导致无意识对意识产生了干扰。接下来，弗洛伊德得出了又一个大胆的结论，无意识心理活动不仅是梦境和精神病心理的基础。也是常态心理的基础；换句话说，梦境、精神病心理、常态心理三者之间没有不可逾越的鸿沟。

《日常生活的心理奥秘》尽量不去使用与性有关的材料，转而大量选用了日常生活中人们所喜闻乐道的素材，避免了人们的抵触心理。当人们浏览此书的时候，总能感觉到书中的实例就是他们自己，因而该书极易引起读者的兴趣。该书出版以前，人们往往把精神分析看得神秘莫测、远离生活，而《日常生活的心理奥秘》却写得深入浅出、通俗易懂，大大拉近了精神分析理论和普通民众的距离。因而，该书在销量上很快超过《梦的解析》，成为弗洛伊德著作中最畅销的一本书。

4. "星期三心理学会"的建立和发展

随着研究成果的相继出版，弗洛伊德渐渐声名远扬，常有一些志同道合者从或远或近的地区来到维也纳，与他共同探讨精神分析理论的发展。逐渐地，在他身边形成了四个稳定的追随者和合作者，他们分别是卡汉、莱德勒、斯特克尔和阿德勒，其中斯特克尔既是一名富有经验的开业医生，又是弗洛伊德先前的患者，后来则成为了精神分析学派的骨干人物。

在斯特克尔等人的建议下，弗洛伊德决定每周三的下午，在弗洛伊德的诊室，定期召开精神分析研讨会，届时全体成员将聚集在此，共同讨论精神分析理论的相关问题。大家称这个研讨会为"星期三心理学会"（the Wednesday Psychological Society）。学会从 1902 年建立到 1906 年，从未中断，也从未有人退出。

随着"星期三心理学会"影响的逐渐扩大，更多对精神分析饶有兴趣的学者来到了这个并不宽敞的诊室，加入到弗洛伊德的圈子里，学会的阵容空前庞大。

荣格像

1906 年，一位来自瑞士的、早已声名赫赫的精神病医生踏进了弗洛伊德的诊室。他 30 多岁，身材魁梧，一双智慧而富有灵气的眼睛发出锐利的光芒。他的出现使弗洛伊德顿时热血沸腾、欣喜万分，两双手紧紧地握在了一起。这位来者便是精神分析阵营中仅次于弗洛伊德的第二号人物——荣格（Carl Jung，1875—1961）。看着眼前这位年轻有为的异国医生，弗洛伊德欣喜地预感到，精神分析已经不再只属于奥地利，它属于整个欧洲，属于全世界。

事实正如弗洛伊德的预料，第二年，即 1907 年，荣格便在瑞士建立了"苏黎世精神分析学会"。1908 年，在弗洛伊德诊所学习的德国医生亚伯拉罕回到了自己的国家，同年建立了"柏林精神分析学会"。此外，匈牙利的弗伦茨、美国的布里尔、英国的琼斯也陆续来到维也纳，跟随弗洛伊德学习精神分析理论，这些人后来都成为推动精神分析学走向国际的核心人物。

1908 年 4 月的一次"星期三心理学会"上，为了适应精神分析学国际化的进程，弗洛伊德提议将"星期三心理学会"更名为"维也纳精神分析学会"（Vienna Psychoana-lytic Society），得到与会人员的热烈赞成，弗洛伊德被选为学会主席。

在学会全体成员的努力下，1908 年 4 月 26 日，第一届国际精神分析学大会在萨尔斯堡顺利召开。这次大会有来自奥、美、英、匈、德、瑞等国的 40 多位学者参加，主要探讨了一些精神分析的理论性问题。大会创办了一份专门发表精神分析类论文的刊物——《精神分析年鉴》，由荣格担任主编。

5. 从"江湖医生"到国际名人

应美国克拉克大学（Clark University）校长霍尔（Stanley Hall，1844—1924）的邀请，弗洛伊德和荣格于 1909 年前往克拉克大学举办讲座。由于校方给弗洛伊德提供了一笔不错的路费，这笔路费足够两个人使用，于是弗洛伊德又带上了自己的得力助手弗伦茨（Sandor Ferenczi）。

弗洛伊德的讲座在克拉克大学礼堂进行，内容经过精心准备，十分精彩，值得一提的是，精神分析似乎尤为符合美国人的口味，因此，观众在讲座过程中不时报以热烈的掌声。讲座的内容基本涵盖了精神分析的所有理论，包括精神分析的诞生、歇斯底里的研究、自由联想、梦、过失、压抑、幼儿性欲等。观众中除了广大青年学生外，还

克拉克大学教学楼

包括克拉克大学校长霍尔、著名哲学家威廉·詹姆士（William James）、著名人类学家弗朗斯·博阿斯等人。

从某种意义上来说，正是这次讲座将精神分析带给了美国人。

前排（左起）：弗洛伊德、霍尔、荣格
后排（左起）：亚伯拉罕、琼斯、弗伦茨

弗洛伊德的美国之行具有重要的意义：

第一，之前，弗洛伊德的研究只是在自己的诊室进行，从未得到官方的认可，他本人甚至被官方同行视为"江湖郎中"，而美国之行则使精神分析进入了大学讲坛，很多大学教授和社会名流开始接触并接受它。

第二，通过美国之行，精神分析学得到了广泛的传播，弗洛伊德仿佛一夜之间由"江湖郎中"变成了国际名人。他的很多著作的英文版开始在美国出版，美国的两种期刊《美国心理学杂志》和《变态心理学杂志》也开始大量刊登精神分析学的论文。

第三，美国之行标志着弗洛伊德的理论开始得到国际社会的认可，意味着精神分析的童年时代已经成为过去。

访美之后，在弗洛伊德等人的精心筹备之下，第二届国际精神分析学大会于 1910 年 3 月在纽伦堡召开，荣格被推选为主席。大会上，弗洛伊德作了一篇题为《精神分析治疗法的前景》的学术报告。纽伦堡会议的意义是：自此，精神分析不仅深刻影响了医学界，而且影响到文学艺术、教育、人类学、宗教学等其他领域。

但是，在精神分析学蓬勃发展的同时，学会内部却酝酿着几场我们不愿看到的分裂。

6. 学会内部的矛盾和分裂

弗洛伊德理论有一个核心观点，认为所有的精神病和神经症都是性压抑的产物，是否承认这一点，决定着一个成员能否在弗洛伊德的学会里存在下去。随着精神分析学的发展，学会中一些原本颇具影响力的人物越来越

阿德勒像

不能接受这一核心观点，他们纷纷离开了学会。按照时间顺序，先后离开精神分析阵营的有布洛伊尔、弗莱斯、阿德勒、斯特克尔和荣格等人，这些人中以阿德勒和荣格的影响最大，下面我们分别介绍一下他们二人的离开。

阿德勒认为，无论性格还是精神病的形成，都未受到性压抑的太大影响，其根源在于人们的权力欲、自卑感以及自卑感带来的追求超越。由于在重要观点上和弗洛伊德意见相左，1911 年秋天，阿德勒辞去了维也纳精神分析学会会长的职务，同时退出组织。之后，阿德勒另起炉灶，建立了著名的个体心理学（individual psychology）。

荣格与弗洛伊德的分歧主要表现在以下几个方面。第一，弗洛伊德的理论基础是无意识，荣格则将无意识分为个人无意识（personal unconscious）和集体无意识（collective unconscious），其中集体无意识是荣格理论的核心概念。第二，弗洛伊德主要依靠对童年经验的挖掘来说明无意识，荣格则用未来或目的来说明集体无意识。第三，弗洛伊德用性欲的发展对性格进行分类，荣格则根据内外倾的标准来划分性格。第四，弗洛伊德认为精神病的根源是意识和无意识的冲突，荣格则认为精神病是环境适应不良所致。基于以上分歧，荣格于 1914 年宣布辞去国际精神分析学会主席的职务，与弗洛伊德决裂。之后，荣格建立了颇具影响力的分析心理学（analytical psychology）。

荣格简介

荣格，1875年出生于瑞士东北部康斯坦斯湖畔一个名叫凯斯维尔的乡村里，家中一共有9个牧师（他的父亲和8个叔伯），家庭中浓厚的宗教气氛很大程度上培养了荣格的神秘主义倾向。荣格的童年生活是孤独的。他有两个哥哥，但都在他出生之前夭折了。他的父母不和睦，经常吵架，母亲的性情反复无常。荣格常常是一个人玩，自己设计出各种模仿宗教仪式的游戏。他常常沉湎在梦、幻觉和离奇的想象中，他喜欢独自面对美丽的湖光山色，享受与大自然默契的愉悦，领悟大自然给他的神秘启示。这一切使得荣格自小就非常内向、敏感。

荣格是当代最有影响的心理学家之一。其影响不仅在于心理学界。他通过他的分析心理学的理论和实践，影响了当代的哲学和整个人文学科，甚至影响到了当代的科学思想和科学研究。弗洛伊德曾期望把整个精神分析的未来交付于他，但荣格仍然忠实于自己独立的思想，发展了自己的分析心理体系和方法，不管是"集体无意识"理论还是"积极想象"的技术，都是对心理学乃至人类思想的贡献。

面对学派内部严重的分裂活动，弗洛伊德内心十分苦恼和忧伤。但是，他争强好胜和百折不挠的性格从未发生丝毫改变，他忍受着内心的忧伤，继续着自己的研究计划，不断向着更高的目标迈进。

7. 战争阴影下的不辍耕耘

1914年，第一次世界大战爆发。弗洛伊德青年时代的

中年时期的弗洛伊德

战斗英雄梦想似乎一下子死灰复燃了，他宣称要把自己的"全部力比多都献给奥匈帝国"。但是，此时的弗洛伊德已经 58 岁了，早已超过了应征年龄，于是他把自己的儿子全部送上了战场。

战争共持续了四年，其间食物和日用品的严重匮乏，缺吃少穿不仅发生在普通民众身上，也发生在弗洛伊德这位学界泰斗身上，他和他的家人常常饱受饥饿的煎熬。不久后，弗洛伊德明显消瘦了。与食物短缺相比，更让弗洛伊德无法忍受的是，在市场竟然买不到雪茄了，要知道，他一向是嗜烟如命的。据说，后来弗洛伊德通过自己国外的学生，从千里之外辗转送来了几包香烟。手揣香烟的弗洛伊德顿时精神一振，更加专注地投入到了他的研究之中。而没过多久，几包香烟便被享受一空。

尽管生活异常艰苦，但再大的困难也无法阻挡弗洛伊德对科学事业的热情。因为战争，他的诊所门可罗雀，而

弗洛伊德和他的两个儿子

弗洛伊德和雪茄烟

这恰恰为他提供了难得的写作时间。1914 年，弗洛伊德发表了论文《精神分析运动史》(*The History of the Psychoanalytic Movement*)，出版了著作《米开朗基罗的摩西》(*The Moses of Michelangelo*)；1916 年，他出版了又一部重要著作——《精神分析引论》(*A General Introduction to Psychoanalysis*)。

《米开朗基罗的摩西》封面

四、最后的搏斗

1. 病魔面前的顽强斗士

1923年春，弗洛伊德被诊断患上了口腔癌，唯一的治疗方法就是外科手术。几个月后，著名医生皮希勒为他实施了手术。虽然手术是成功的，但仍然给弗洛伊德带来了巨大的痛苦。由于病灶的位置特殊，弗洛伊德被拔掉了几颗牙齿，嘴唇也被剪开一道长长的口子。从此，对他来讲，每次进食都成为对意志力的考验。病魔带来的远不止这些，在此后的16年中，癌细胞一次次的恶化像定时炸弹一样时时威胁着弗洛伊德的生命。

　　癌症固然能够在肉体上对弗洛伊德进行折磨，但却无法动摇他献身科学、追求真理的信念。他无法预测上帝为自己留下了多少时间，因此，每当身体条件允许时，他就争分夺秒地进行科研和写作。在这样的身体条件下，笔成为他向病魔宣战的唯一武器，只要还能够写字，就说明他的存在并非虚无。

　　1925 年，弗洛伊德病情迅速恶化，他担心自己的日子已经不多，于是抓紧时间赶写《自传》（*An Autobiographical Study*）。所幸的是，弗洛伊德享受的医疗条件在当时算得上最好了，所以他一次次从病魔手中逃出，一次次完成了自己的书稿并向新的任务迈进。

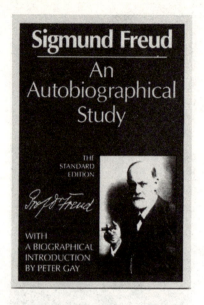

弗洛伊德《自传》封面

1927 年，他写下了《幻觉的未来》（*The Future Of An Illusion*）、《拜物教》（*Fetishism*）等著作。

1929 年，他完成了《陀思妥耶夫斯基及弑父者》（*Dostoevsky And Parricide*）一书。

1930 年，他出版了《文明及其缺憾》（*Civilization And Its Discontents*）一书。

1932 年，他完成了《精神分析引论新编》（*New Intro-ductory Lectures On Psychoanalysis*）一书。

2. 遭遇迫害和流亡伦敦

1933 年，希特勒在德国上台执政，他将犹太人视为劣等民族，开始对其进行大肆迫害，这个多灾多难的古老民族再次陷入水深火热之中。不久，柏林正式将弗洛伊德的著作列为禁书，并公开在广场烧毁。凭借其军事实力，纳粹德国完全可以轻而易举地占领奥地利，因此，很多犹太

老年时期的弗洛伊德

血统的科学家纷纷被迫离开德国和奥地利，逃往英、法、美等"二战"时期的协约国。

希特勒

在这样的形势下，很多朋友劝弗洛伊德离开奥地利，但弗洛伊德却表现得泰然自若，他坚持留在维也纳，因为这里有他的诊所，有他的病人，还有他正在写的一本关于摩西的书。

1938 年 3 月，德军占领维也纳。事态的发展大大超出了弗洛伊德的预期，他的全家立即遭到纳粹党徒的蹂躏，他的 5 个妹妹中有 4 个被杀害，他的女儿被捕，82 岁的弗洛伊德顿时陷入失去亲人的强烈悲痛之中，为了保证家中其他成员免遭不测，他不得不决定暂时离开奥地利。此时，弗洛伊德一家已是纳粹党徒关注的焦点，所以他们的出逃变得困难重重、险象环生。不幸中的万幸是，弗洛伊德一家得到了几位重要的国际人物的大力相助，最终得以被纳粹准许离开维也纳。帮助弗洛伊德一家出逃的人物有美国总统罗斯福、美国驻法大使布利得、意大利总理墨索里尼等。

1938 年 6 月，弗洛伊德一家几经周折，最终抵达英国首都伦敦。英国多家报刊很快就报道了弗洛伊德到来的消息。于是，很多著名的科学家、文学家、艺术家，当然也包括精神病医生，纷纷前来看望和慰问他。弗洛伊德倍感欣慰，在异国他乡，他没有感觉到想象中的那种孤独。

弗洛伊德在伦敦的住所

6 月 23 日，英国国王亲自看望弗洛伊德，国王随身携带了皇家学会世代相传的纪念册，请弗洛伊德在上面签名。当弗洛伊德接过纪念册，万分激动地签过名后，才发现纪念册上还有牛顿和达尔文的签名。他从来没有想到，自己能够将名字和这些伟人的签在一起。

之后，弗洛伊德的病情又一次恶化，在忍受巨大病痛的同时，他的写作并未中断。1939 年 3 月，弗洛伊德顺利完成了《摩西与神教》（*Moses and Monotheism*）一书。之后，他仍然坚持对《精神分析学纲要》（*Outline of Psychoanalysis*）一书的写作，但由于病情急剧恶化，他不得不中断下来，并且再也没有继续下去。

1939 年 9 月 23 日午夜，弗洛伊德的心脏停止了跳动，

《精神分析学纲要》封面

享年83岁。

弗洛伊德纪念雕像

第三章
弗洛伊德的研究方法和主要理论

一、弗洛伊德的研究方法

1. 催眠疗法

催眠疗法（hypnotism）是弗洛伊德早期主要使用的方法之一。弗洛伊德对该法的使用可以分为两个阶段：第一阶段，弗洛伊德完全借鉴了法国医生伯恩海姆的催眠暗示法，按照这种方法，催眠就是"诱发一种人对暗示的感受性的心理状态"；第二阶段，在前一段催眠法的基础上，通过与病人的谈话，让病人把压抑在心灵深处的创伤说出来，达到宣泄的目的，因此叫做催眠宣泄法。

下面看一个催眠暗示法的案例。弗洛伊德曾治疗过一个名叫苔莎的女病人，她 25 岁，是一个富户家的女仆，一段时间以来，苔莎食欲几乎完全消失，体重骤降，还常常于夜深人静的时候在街上裸奔。弗洛伊德认为她得了癔症，对她进行了催眠暗示法的治疗。

弗洛伊德把指尖放在姑娘的眼皮上，向她进行了一些催眠师特有的安慰，不久，苔莎便进入了催眠状态。接下来，弗洛伊德说，她是个健壮的女孩，她的病一定能好起来的，她不用害怕回自己的房间，因为那里很安全，她的

催眠疗法在治疗中的应用

胃口很好，夜里也能安安稳稳地睡觉……十分钟后，弗洛伊德唤醒了苔莎，正如他所预料的一样，苔莎竟大声喊道，她太饿了，她要吃面包，她要回家。

催眠宣泄法是弗洛伊德对催眠暗示法进行改进后发展而来的。此方法有一个重要的假设，就是当患者回忆出导致疾病的创伤性事件，并将该事件和与之相关的情感体验一并描述出来之后，患者的症状就会立刻消失。

下面看一个催眠宣泄法的案例。一位被称为埃米夫人的 40 岁女性，丈夫去世后就患上了忧郁症，已有 14 年的病史了。几个月前，埃米夫人病情突然加重，并伴有抑郁、失眠、全身疼痛、不自主地发出怪声音等症状，在布洛伊尔的介绍下求诊于弗洛伊德。弗洛伊德决定使用催眠宣泄法对其进行治疗。

首先，弗洛伊德诱导埃米夫人进入催眠状态，这一步与催眠暗示法是相同的。接下来的操作则不同于催眠暗示法，他开始尝试在催眠状态下与埃米夫人对话，由此引出了埃米夫人一连串的早已遗忘的童年经历。埃米夫人的这些经历主要涉及早年被弟弟、妹妹惊吓的一些事件，后来这些事件便被"遗忘"，清醒状态下不能回忆，直到催眠状态下才得以恢复。结果正如弗洛伊德所预期的，当埃米夫人讲出这些事件以及当时极端恐惧的情绪体验后，她的症状便消失了。

通过埃米夫人的案例，弗洛伊德归纳出一条极为重要的结论：一旦潜意识中被压抑的情结上升到意识层面，病人的症状就会消除。

2. 自由联想法

在临床实践中，弗洛伊德逐渐认识到，催眠疗法对于治疗精神病存在明显的局限性，不是所有患者都适用于催眠，并且催眠疗法的疗效并不持久。经过自己的长期实践和精心总结，弗洛伊德创立了自由联想法（free association），从此，自由联想法成为古典精神分析最重要的治疗方法之一。上面提到的催眠宣泄法实际上就是催眠法向自由联想法的过渡形式，二者的最大区别是，催眠宣泄法是在患者处于催眠状态下进行的，而自由联想法则在清醒状态下进行。

弗洛伊德实施自由联想法的程序如下。他让患者躺在一张舒适的床上（一般使用自己诊室的那张沙发床），身心放松，无拘无束，思想游荡，进入"自由联想"的状态。他与患者相背而坐（此举是为了避免患者分心），要求患者脑中出现什么就说什么，不管想法怎样的荒谬绝伦、杂乱无章，都不可隐瞒。治疗过程中，弗洛伊德不对患者进行任何干预，但不排除适时地加以引导。他会将患者所报告

自由联想法的应用

的材料实事求是地加以记录，然后运用自己的专业知识将记录下的材料进行分析和解释，直到医患双方都认为找到了发病的最初原因为止。

采用自由联想法，对大多数患者的治疗都取得了良好的效果。下面引用弗洛伊德的一个经典案例——外语单词 aliquis 的遗忘——来进一步说明他对自由联想法的使用。[①]

一个受过高等教育的年轻朋友在和弗洛伊德聊天的时候，发现自己把一个外语单词忘记了，弗洛伊德随即将该单词告知了这位朋友。接下来，二人进行了这样的对话。

年轻朋友："你说过一个人不会毫无原因地遗忘一些事情，我很好奇，为什么在这种情况下我会将这个不定代词 aliquis 忘掉呢？"

弗洛伊德："这并不会占用我们多少时间，我必须问你一些事情，你要不带任何偏见地告诉我出现于你头脑的一切。你需要做的只是没有任何目的地将你的注意力集中在

---

① 车文博主编. 弗洛伊德文集（第二卷）. 长春：长春出版社，
1998：15～17.

这个被遗忘的单词上。"

年轻朋友："好，出现在我的大脑的是一个奇怪的念头，将遗忘的那个单词分成两个部分，即 a（无的意思）和 liquis（液体的意思）。"

弗洛伊德："什么意思？"

年轻朋友："我不知道。"

弗洛伊德："还有什么？"

"接下来是 Reliquien（圣物），liquefying（溶解），fluid（液体），现在你发现了些什么吗？"

"没有，没有任何发现，请继续。"

年轻朋友笑了，带着嘲讽，"我想到了'村特的西蒙'（Simon of Trent）。两年前我在村特的教堂看到过其圣物。我想到了对血祭仪式的指责，现在人们用这种仪式来反对犹太人。我想到了格林保尔（Kleinpaul）的书（1892），他在这本书中指出，所有这些灾难都是救世主（耶稣）经历的翻版，是他的旨意"。

"这一点和我们刚才谈到的关于拉丁词遗忘的话题并非完全没关系。"

"的确，下面的思想是我最近在意大利的报纸上读过的，我想它的题目是'圣·奥古斯丁（St. Augustine）谈女人'，你有什么发现吗？"

"我听你说。"

"现在出现的思想似乎与我们的话题没有任何联系。"

"请不要拒绝这些思想，不带任何评价地说出来。"

"好，我懂了，我想到了我上周旅行时遇到的一个很不错的老绅士，他是一个真正的处男，其外表看上去像一个寻找食物的大鸟，如果你对此感兴趣的话，他叫班尼帝克

（Benedict）。"

"无论如何，这些都是圣人和教会之父，St. Simon，St. Augustine，St. Benedict，其中有三个名字都是姓，如 Kleinpaul 中的 Paul。"

"现在，我头脑里又出现了圣·简纳利斯（St. Januarius）的名字和他的神奇的血，这个思想似乎是自动出现在我的大脑的。"

"稍等，St. Januarius 和 St. Augustine 二者都与月份有关，你能告诉我一下有关神奇的血的事情吗？"

"当然，你从来没有听说过吗？他们将圣·简纳利斯的血装入一个瓶子，把它放到那不勒斯的一个教堂里面，每当节日来临时，它便会神奇地变成液体。人们认为这种神奇的变化是很重要的，如果这种变化推迟了，人们就会很激动。在法国军队侵占这城镇的时候，这种现象曾出现过。因此，当时的指挥官——叫加利鲍帝，或许我记错了——他把这个虔诚的绅士叫到一边，一边向外面的士兵做着什么手势，一边设法使这个绅士明白他很想马上看到这个奇迹的出现，事实上，这个奇迹确实出现了……"

"好，继续说下去，为什么停下来呢？"

"好，又有一些东西出现了……不过，这是我的隐私，很难说出来，而且，我认为这与我们谈论的问题没有什么联系，也没有必要说出来。"

"它们的联系由我来考虑，当然，你要强迫你自己将那些使你不愉快的事情讲出来，否则，我就很难解释你对 aliquis 的遗忘。"

"真的吗？你真是这样想的吗？好，我说，我突然想起了一个女士，我从她那里得到了使我们两个都烦恼的

67

消息。"

"是她没来月经的事吗?"

"你怎么猜到的?"

"这并不难,你给我提供了这方面的足够的信息,如与月份同名的圣人,在一个特殊的日子才开始流出的血,失败的时候的干扰,奇迹没有出现时的公开的威胁等。实际上,你利用圣·简纳利斯的奇迹形象地表示了女人的月经。"

"我并没有意识到这一点,你的意思是说,这种焦急的期待使我忘掉了像 aliquis 这样一个微不足道的单词,是吗?"

"对我来说,这是不可否认的,只要你回忆一下你对这个词的划分——分成 a 和 liquis——以及由此产生的联想就明白了,如圣物、溶化、液体。圣·西蒙在孩子的时候就牺牲了,我还继续说下去吗?你是否还希望我告诉你他是怎么出现的?是你提及的圣物这个话题引导我想到了他。"

"不,请不要再说了,如果我真的存在这些想法,我希望你不要把它看得那么严重,我承认这位女士是个意大利人,我和她一起去的那不勒斯,这会不会是巧合呢?"

"这种联系是否是巧合,还是留给你自己判断吧,但我要告诉你的是,对所有的诸如此类的现象的分析,都会遇到这种令人印象深刻的巧合。"

3. 释梦的方法

梦是精神分析学说中的重要内容,也是探索无意识心理的一条重要途径。弗洛伊德认为,梦并非空穴来风和毫无意义,它是被压抑欲望伪装的、象征性的满足。为了突

68

破梦的表面现象，揭示梦的本质，他把梦分为显梦（manifest content）和隐梦（latent content）两部分，显梦是指人们真实体验到的梦，隐梦是指梦的真正含义。做梦的过程是先有隐梦，然后由隐梦出发，一步步构造出显梦，从隐梦到显梦的制作过程称为梦的工作。

弗洛伊德解释说，在清醒状态下，由于自我的稽查作用，本我中的本能欲望只能处于无意识状态，无法上升为意识。在睡眠状态下，自我的稽查作用将大大减弱，本能冲动便活跃起来，但此时自我的稽查作用并未完全消失，本能冲动无法按照它本来的面目出现，只能以改头换面的形式得以表现，于是便形成了稀奇古怪的梦境。这一过程中，本我中的本能冲动便是隐梦，它改头换面后表现出来的梦境便是显梦，改头换面的过程便是梦的工作。

梦的内容

弗洛伊德认为，人们在梦中满足的欲望主要是性的欲望，无论梦中是否出现性或与性有关的场景，它们统统包含性的含义。"明显是属于天真无邪的梦，也一定包含着粗

野的色情欲望。"

在丰富的临床经验的基础上，弗洛伊德将梦的工作概括为四个基本过程：

凝缩（condensation）

梦的凝缩就是将梦的隐意（隐梦）加以删略，进而通过显意（显梦）表现出来的过程。梦的隐意纷繁复杂，而显意则单纯而形象化，所以，我们也可以将凝缩理解为用一种象征（或符号）代表多种隐意的过程。如，隐梦中的几个人，到显梦中则可能成为一个综合化的人，这个综合化的人是由隐梦中几个人的典型特点重新组合而成。

我们举例来说明梦的凝缩。1895 年的一个清晨，弗洛伊德做了一个被称作"伊尔玛的注射"（Irma's injection）的梦，梦到了他的女病人伊尔玛（Irma）。在视觉形象上，伊尔玛和现实中的她一模一样，但是，弗洛伊德认为她至少可以代表 6 个自己熟悉的人。第一个是伊尔玛本人；第二个是弗洛伊德很想见到的另一位女士，因为梦中他在为伊尔玛检查咽部时发现伊尔玛在神态上酷似那位女士；第三个是弗洛伊德的大女儿，因为伊尔玛与弗洛伊德的大女儿同名；第四个是弗洛伊德的因中毒而死亡的一个病人；第五个是弗洛伊德在儿童医院诊断过的一个儿童；第六个是弗洛伊德的妻子。

移置（displacement）

梦的移置就是将隐梦中的某些因素，以不相关的其他事物来代替，从而将梦的重点转移出去，使梦看起来与其隐意毫无关系。移置是潜意识欲望为了使自己能够顺利通过自我的稽查作用而采取的一种偷梁换柱的技巧。

我们举例来说明梦的移置。有个身为教师的姑娘做了一个梦，她的女校长被她的一个最好的朋友杀害了。弗洛伊德分析如下，在这个梦中，女校长的隐意其实是姑娘的母亲，最好的朋友就是姑娘自己，杀害仅仅代表一种抽象的负面情绪。原来，这个姑娘的母亲对女儿要求非常严格，姑娘竭尽全力仍然无法使母亲满意，因此，在潜意识中，姑娘与母亲的矛盾由来已久。白天的时候，由于自我的稽查作用，姑娘总是对母亲百依百顺，其内心的反抗只有在梦中才能表现，并且只能是以改头换面的形式来表现。做过这个梦之后，姑娘的心态比以前平稳了很多，这正说明梦是被压抑欲望的象征性满足，对调节人的心理平衡有着积极的作用。

象征（symbolization）

梦的象征是指，在梦中用符合道德的具体形象代替邪恶的抽象欲望。弗洛伊德认为，象征是梦的工作中非常重要的一种方式，原因是：首先，梦境大多是形象化的内容，抽象的意念不能表现于梦中，所以需要使用象征；其次，隐梦的内容往往污秽不堪，不被意识的稽查系统所允许，不能直接表现于梦境，需要运用象征的方式将其曲折地表现出来。

常见梦境的一幕

71

弗洛伊德认为，由于象征的多样性和复杂性，使得解梦工作往往困难重重，这就要求咨询师拥有大量的关于象征的知识和经验。他进一步指出，梦中大多数象征都是性的象征，其中一切柱状物，如木棍、树干、手杖、雨伞等都是男性生殖器的象征；一切有空间性和容纳性的事物，如箱子、柜子、炉子、地窖等都是女性生殖器的象征。

例如，一个年轻的女患者做了如下的梦：在夏日里，她走在街上，戴着一顶形状奇特的帽子，帽顶向上翘起，帽檐向下垂落……弗洛伊德对此梦的解释一针见血：帽子一定是男性生殖器的象征。

同样是这位女患者，还让弗洛伊德分析过这样一个梦：她看到她的女儿在铁路上玩耍，被一列火车碾过，她听到了女儿骨头被碾碎的声音，但她却没有感到悲伤和恐惧……弗洛伊德把被车碾过这件事解释为性交，之所以患者在梦中没有感到悲伤和恐惧，是因为梦中的女儿只不过是其他事物的象征罢了。

润饰（secondary elaboration）

梦的润饰就是把梦中无条理的材料加以系统化的过程。通过凝缩、移置和象征所形成的梦境往往是杂乱无章、不合逻辑的，这样的梦境常常由于受到意识的稽查作用（对逻辑性的稽查）而难以延续下去，这极易导致梦者因为梦境的荒谬绝伦而突然惊醒，梦境便无法持续。润饰正是为了让梦境得以持续而将其逻辑化和系统化的一种手段，通过润饰的作用，梦境很少突然中断。因此，我们都有这样的经验，在梦中我们常常觉得梦的情节合情合理，醒来后才发现情节的荒谬。

甚至有人碰到过这样的情况，当他在梦中遇到逻辑混乱的情境时，他会安慰自己："这不过是一场梦而已。"于是，他便能够继续梦境而不致惊醒。很多人就会发出疑问，为什么梦中的自己还知道自己在做梦？答案就是，这是润饰在起作用的结果。润饰通过它特有的方式使梦更有条理，从而防止梦的中断。

弗洛伊德认为，润饰对于解梦工作是不利的，它往往使梦境变得情节连贯、合情合理。而在这一过程中，梦的真正含义往往会丧失殆尽。

4. 分析日常生活的方法

弗洛伊德特别重视分析日常生活中的遗忘、口误、笔误、听误、疏忽等现象。人们一般认为，这类现象的发生纯属偶然，但弗洛伊德却指出，凡事都有其发生的原因，人们的任何失误都有着潜意识的欲望和动机，都是意识和潜意识矛盾斗争的结果。

在《日常生活的心理奥秘》（*The Psychopathology of Everyday Life*）一书中[1]，弗洛伊德认为，人们的日常心理活动往往通过两种形式表现出来。一种形式是改装，即对无意识欲望进行乔装改扮，使它以一种社会认可的方式出现。这种方式能够使不道德变为道德，是日常心理活动的普遍现象。另一种形式是过失，这是一种特殊的心理现象，相对于改装的形式而言，弗洛伊德更重视过失的形式。

过失在所有人的身上都普遍存在，不管是健康人还是精神病人。过失主要有口误、笔误、遗忘、误听、误放、误取等表现形式。弗洛伊德把过失进一步分为三类：第一类包括口误、笔误、读误、听误等，第二类指遗忘，第三

---

① 《日常生活的心理奥秘》也可译为《日常生活中的心理分析》。

《日常生活的心理奥秘》封面

类包括误放、误取、失落物品等。

口误发生很普遍，如本书开篇的第二个例子，某大学的运动会开幕式上，校长郑重宣布："××大学第×届田径运动会闭幕！"按照弗洛伊德的理论，校长的口误乃是其无意识的干扰所致。在校长的内心深处，他可能根本不愿开这个运动会，也可能由于事情繁多而希望这个开幕式早点结束。

关于笔误，弗洛伊德曾经举例如下："二战"期间，一个打字员把某公文结尾的"向希特勒致敬（Heil Hitler）"打成了"向希特勒治病（Heilt Hitler）"，该打字员因此被投入监牢。弗洛伊德认为，打字员的这一错误并非偶然，他或许认为希特勒已经患上了一种疯狂病，希望上帝来医治他的这种病。

读误、听误在发生的原因上和口误、笔误是相同的。

遗忘，是指某人把本来熟悉的东西或制订的计划全然忘记的情形。此处的遗忘，特指那些把不该忘掉的东西忘掉的情况，与人们口头上所使用的遗忘稍有不同。如本书开篇的第一个例子，陈先生忘记了参加好友的婚礼，按照精神分析学说，这或许是因为陈先生在婚恋上遭遇过不幸，参加朋友的婚礼意味着对自己不幸的再次回忆，为了避免这样的回忆，陈先生便把朋友的婚礼忘掉了。

根据丰富的临床经验，弗洛伊德认为，痛苦的经历更容易被遗忘。他让患者回忆自己的早年生活时，发现患者讲起的高兴事总比伤心事要多，但是，当患者处于催眠状态时情况却恰恰相反。据此，弗洛伊德认为痛苦的经历更容易被遗忘。但是，这种遗忘并非真正意义上的遗忘，患者仅仅是将痛苦的经历压抑到了潜意识当中，在适当的时候（如催眠状态下），这些经历可能会再现出来。

关于误放、误取、失落物品等过失现象，弗洛伊德同样将之归结为无意识活动的结果。据说，有一天，弗洛伊德不小心把一个墨水瓶盖打落在地上，摔碎了。事后，他分析说，此前妹妹曾经告诉他那个墨水瓶架不好看，应该换个新的，弗洛伊德打碎墨水瓶盖，正是受到想要换一个新墨水瓶架的想法驱使的结果。

弗洛伊德还讲过这样一个例子。有一位女士，无意间将姐夫的一枚贵重的勋章误放进自己的行李中带回了家，当她发现后，急忙告诉姐夫，表示第二天一定送回去，不料第二天那枚勋章竟然奇迹般地消失了，翻箱倒柜也没能找到。弗洛伊德认为，这位女士在无意识中想要占有那枚勋章，而意识中却知道不该那样做，于是，无意识就通过她的一次次"无意"最终达成了其目的。

二、弗洛伊德的主要理论

1. 性欲论和本能论

在研究和治疗癔症（hysteria）的过程中，弗洛伊德逐渐认识到，性冲动的过度压抑和性功能的紊乱是导致精神病和神经症的根本原因。在追溯患者早年生活的时候，他发现，性冲动的发生比人们通常所认为的要早得多，从而提出了精神分析中的一个重要概念——"幼儿性欲"（infantile sexuality）。弗洛伊德认为，人们的人格早在 5 岁左右时就已基本定型，故此，他尤为重视幼儿性欲的形成和发展。在以后的研究中，弗洛伊德先后写成了《性学三论》（*Three Essays on the Theory of Sexuality*）、《幼儿关于性的想法》（*On the Sexual Theories of Children*）、《爱情心理学》（*Love Psychology*）等著作，系统论述了他的性欲理论。

后来，弗洛伊德将性欲望改称为性本能，并提出与之相对的自我本能；再后来，弗洛伊德提出了"死的本能"的概念，并将先前的性本能和自我本能合称为"生的本能"。至此，弗洛伊德建构了完整的本能论，并将早期的性欲论包含在其中。

幼儿性欲的来源

通过对儿童生活的细心观察以及对患者早期生活的询问，弗洛伊德认为幼儿性欲有以下四个来源。

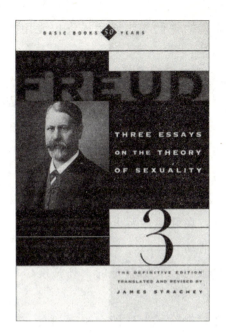

《性学三论》封面

（1）机械性刺激

机械性刺激指儿童身体上发生空间的位移或规律性的振动时引发的性兴奋。如，儿童都喜欢让成人抱起来摇晃、用手在其身上轻拍、抛在空中等，坐在自行车的后座上或者躺在摇篮里的幼儿更容易入睡，另外，几乎所有的男孩都曾经立志要做个驾驶员或车夫，虽然这样的职业在现代社会并没有受到应有的尊重。

（2）肌肉的活动

肌肉的活动指较为剧烈的肌肉运动，尤其是当伴有高度的精神紧张时，更容易引起儿童的性兴奋。弗洛伊德指出，很多儿童性器官的首次兴奋，出现在和伙伴们打架、玩耍甚至摔跤的时候。他还认为，如果幼儿的性兴奋经常与打架联系在一起，这可能会影响他们以后解决性冲动的方式，也就是说，他们成年以后或许偏爱用类似打架的方式来获得性满足。

（3）情感过程

弗洛伊德认为，一切比较强烈的情感过程，甚至惊惧或恐怖感情，全部和性兴奋有关。学龄儿童在考试临近时一般会表现出忧虑和害怕的情绪，甚至在平时的作业和课堂提问上也有类似的情绪，如果这种情绪超出了他们所能忍受的程度，他们就会产生一些异常表现：除了同学关系可能出问题外，在性的方面也会有所表现。

（4）智力活动

弗洛伊德认为，聚精会神的、高强度的智力操作也可能造成儿童的性兴奋。

儿童的性兴奋除了上述四个来源以外，其他任何一种生理活动都可能起到相同的作用，前提是这种生理活动的强度足够大，如用力地咀嚼、喊叫、排便等。

俄狄浦斯情结和爱列屈拉情结

弗洛伊德认为，儿童处于3～5岁时，会出现一种特殊的心理现象，就是将异性父母作为自己"性恋"的对象。

对于男孩来说，他们想要占有父亲的位置，有与父亲争夺母亲爱情的表现。因此，他们身上会形成一种复杂的精神状态，叫做"俄狄浦斯情结"（Oedipus complex），有时也被称为恋母情结。

俄狄浦斯情结的名字来源于古希腊神话《俄狄浦斯王》（*Oedipus the King*）。

神话故事《俄狄浦斯王》

恋母情结——俄狄浦斯情结

俄狄浦斯（Oedipus）的父亲拉伊奥斯年轻时曾劫走国王佩洛普斯的儿子，因此遭到诅咒。儿子俄狄浦斯出生时，神晓谕拉伊奥斯说，他将会被这个儿子所杀，而他的妻子将会被这个儿子所娶。为逃避神的预言，拉伊奥斯刺穿了新生儿的脚踝（oedipus 在希腊文的意思即为"肿胀的脚"），并将他丢弃在野外，等候野兽来吃。然而，奉命执行的牧人心生怜悯，偷偷将婴儿转送给科林斯的国王波吕波斯，由他们将俄狄浦斯当做亲生儿子般地抚养长大。

俄狄浦斯长大后，他把科林斯国王夫妇当作了自己的亲生父母，为避免神谕成真，他离开了科林斯，并发誓永不回来。俄狄浦斯流浪到忒拜附近，与一群陌生人发生冲突，失手杀了人，其中就包括他的亲生父亲拉伊奥斯。

当时的忒拜被狮身人面兽所困，他抓住每个过路的人，如果对方无法解答他出的谜题，便将其撕裂吞食。忒拜为了脱困，宣布谁能解开谜题，拯救城邦的话，便可获得王位，并娶国王的遗孀约卡斯塔（俄狄浦斯的生母）为妻。后来，正是俄狄浦斯解开了斯芬克斯的谜题，解救了忒拜，继承了王位，并在不知情的情况下娶了自己的亲生母亲为妻，生了两儿两女。

受俄狄浦斯统治的国家不断有灾祸与瘟疫发生，俄狄浦斯因此向神请示，想要知道为何会降下灾祸。最后，在先知的启示下，俄狄浦斯才知道他是拉伊奥斯的儿子，终究应验了他杀父娶母的不幸命运。

震惊不已的约卡斯塔羞愧地上吊自杀，同样悲愤不已的俄狄浦斯刺瞎了自己的双眼……

弗洛伊德认为，俄狄浦斯情结是男孩在3～5岁时所具有的一种无意识欲望，其内容是对母亲的强烈的爱和占有欲，对父亲的嫉妒、恐惧与敌视。5岁以后，男孩便加强与父亲的认同，抑制反父亲的欲望。

对于女孩来说，她们想要占有母亲的位置，有与母亲争夺父亲爱情的表现，这种心理现象叫做"爱列屈拉情结"（Electra complex），有时也被称为恋父情结。

爱列屈拉情结同样来自古希腊神话。

恋父情结——爱列屈拉情结

阿迦门侬（Agamemnon）是古希腊联军统帅，他立志要征讨特洛伊城（Troja）。出发前的一次狩猎中，他收获颇丰，便得意夸耀道："即便是狩猎女神的箭法也不过如此。"这句话触怒了神明。狩猎女神阿耳忒弥斯（Artemis）要求阿迦门侬把女儿伊菲革涅亚（Iphigeneia）献祭给她，才会为远征大军刮起顺风。

经过激烈的内心冲突，阿迦门侬还是不顾妻子克吕泰涅斯特拉（Clytemnestra）的反对，将女儿献祭，大军随之开赴特洛伊城。战火纷飞，十年不绝。然而，阿迦门侬夫妻之间怨恨的种子已经发芽。于是，丈夫在外征战，妻子在家偷情。

十年之后，阿迦门侬凯旋，却被妻子和她的情夫密谋杀害于洗去他十年战火硝烟与疲惫的浴缸之中。之后，克吕泰涅斯特拉和她的情夫统治了这个国家。

多年过去了，阿迦门侬的女儿爱列屈拉（Electra）长大成人。时间没有洗去她对父亲的爱，忍辱的岁月催燃了复仇的火焰。爱列屈拉联合弟弟，为父报仇，杀死了母亲及其奸夫。

爱列屈拉和弟弟弑杀生母，有悖天伦的罪孽，也使她们成为复仇女神欧墨尼得斯（Eumenides）的牺牲品。复仇女神总是跟着他们，使他们的良心忍受着痛悔的煎熬。在这种情境下，爱列屈拉和弟弟只有请求神明的庇护。

雅典娜（Athena）主持法庭，审判为报父仇而杀死母亲的凶手。控辩双方争执不下，雅典娜最终决定，以投票方式确定为报父仇杀死母亲者是否有罪。然而支持者与反对者人数相当，关键的一票便落在了雅典娜手中。

"我不是母亲所生的人，我是从父亲宙斯的头里跳出来的，因此我维护男人的权利。"雅典娜支持了爱列屈拉姐弟的行为。

弗洛伊德认为，爱列屈拉情结是女孩在 3~5 岁时所具有的一种无意识欲望，其内容是对父亲的爱，对母亲的轻视与敌视，并认为这一情结持续时间长，不易升华。

弗洛伊德认为，男孩和女孩身上出现上述两种情结是完全正常的，此时，父母应该给予他们更多的陪伴和关心。如果两种情结能够获得正常的解决，儿童认同了父母的价值观念，促使超我的逐渐形成和发展，就会形成很多良好的性格特征。

在弗洛伊德看来，男孩在俄狄浦斯情结消除后，如果他的女性倾向较强，就会与母亲趋于一致；如果男性倾向较强，就会与父亲趋于一致。这将决定男孩日后的性格、对抗性以及男性气质与女性气质之间的比例。与此相同，如果女孩的男性气质较强，就会效仿父亲，成为"假小子"；如果女孩的女性气质较强，就会效仿母亲，成为温柔贤惠的女孩。

性本能和自我本能

受 19 世纪流行的力学观念的影响，弗洛伊德认为，本能代表了所有产生于身体内部并且被传递到心理器官的力。弗洛伊德重视本能的作用，在他看来，本能不仅是精神分析学的最重要的特征，而且是对人的一切行为起决定作用的东西。

我们应该如何来理解本能呢？本能有四个特征：来源，主要是身体内部的缺失状态；目的，是消除体内缺失状态，恢复体内平衡；对象，指能够消除体内缺失状态的事物，如食物、异性等；原动力，取决于身体对某种事物欠缺的程度。例如，饥饿的人需要食物（来源），因为食物能够消除体内营养物质的缺失状态（目的），这就需要找到可供享用的食物（对象），寻找和享用食物的动作的强度取决于这个人饥饿的程度（原动力）。

弗洛伊德早年研究过生物学，他以自己所掌握的生物学事实为依据，把人的原始本能分为两种：性本能和自我本能。性本能也称为力比多（Libido），指个体追求性冲动的满足和性压抑的释放的本能，这一本能会消耗个体的能量，但会使得个体的种族得到延续。自我本能是个体保证自己生长发育和不受伤害的本能，这一本能可以为个体积攒能量，使个体生命得到延续。

弗洛伊德认为，性本能和自我本能没有共同的起源，表现也不同，经常发生冲突。自我本能为了保证个体能够生存下来，遵从现实原则。自我本能的实现方式是固定不变的，并且不能升华，如饥饿这一需要必须通过进食才能满足。性本能则是按照快乐原则行事，它在不能实现时往往被压抑进入潜意识，甚至能够通过艺术创作、体育运动等形式进行升华。一般来说，自我本能常常为了满足某些需要而阻碍性本能的实现，特殊情况下，性本能也可能不受个体控制而危害到自我本能的满足。

人的性本能来自哪里？为什么两性之间会有如此强烈的吸引力？为了回答这样的问题，弗洛伊德借鉴了柏拉图在《会饮篇》（*Symposium*）中借阿里斯多芬之口提出的理论。最初，人是没有性别差异的，他们有四只手、四条腿、两张脸、两种生殖器，后来，宙斯把他们全部劈成了两半，于是就成为现在的两种性别的人。由于男性和女性分别是他们最初形态的一半，因此他们十分向往与另一半再次合二为一，这样就形成了两种性别间强大的吸引力。受这一理论的启发，弗洛伊德设想，个体在生命形成的那一刻被撕成很多碎块，这些碎块从此就一直试图重新聚集起来，以便恢复其原来的样式，而重新聚集的途径就是通过实现性本能。

柏拉图的《会饮篇》

生的本能和死的本能

第一次世界大战严重地践踏了西方社会的文明，这场战争在给弗洛伊德带来严重物质短缺的同时，也深刻地影响着他的理论建构。弗洛伊德推测，人性中除了拥有积极向上的一面以外，一定还存在着某种自我毁灭的因素。于是，弗洛伊德修正了他早期的本能观点。他认为，性本能和自我本能虽然存在种种差异，但都指向生命的生长和延续，可以合称为生的本能；人还有一种对外破坏、对内毁灭、指向死亡的本能，可以叫做死的本能。

其实，弗洛伊德提出的新的本能论是对传统本能心理学的继承和发展。此前，人们一般认为，决定行为的重要动力是快乐原则，只要是能够带来快乐的行为，个体就会乐此不疲。弗洛伊德则认为，人类还有不同于快乐原则的、更为根本的本能，就是强迫重复原则（repetition-compulsion），这个原则要求个体恢复到最初的状态。对于人而言，最初的状态便是无机状态，强迫重复原则要求人类恢复到无机状态。强迫重复原则所指向的本能也就是死的本能。除此以外，人类还有一种抗拒死亡、使生命得以保存和更新的本能，也就是生的本能。生的本能包括性本能和自我本能。

按照弗洛伊德的解释，死的本能有两类表现形式。第一类是向外投放，表现为破坏性、攻击性、挑衅性、侵略性等；第二类是向内投放，表现为自我谴责、自我痛恨、自我惩罚、自我毁灭等。这两种投放方式并非泾渭分明，而是可以相互转化。如，向外的侵略行为既可以毁灭对方，也可以借对方之手达到自我毁灭的目的；再如，对外界极端仇视的个体，倘若他的仇视经常受到阻碍或挫折，就容易形成自杀的念头。

同时，弗洛伊德认为，生的本能和死的本能可以互相融合、共起作用。如，破坏欲望和性欲望的结合可以形成施虐狂和受虐狂，残酷的战争中往往伴随着性欲望的泛滥。

弗洛伊德对他的本能论进行了如下的总结：无论生的

本能还是死的本能，其能量都来自力比多，都属于潜意识的范畴；由于具有两种本能，人在本性上都是双重性的；人类历史上的一切矛盾和斗争，都是两种本能相互冲突的结果。

2. 无意识论

无意识这一概念并非弗洛伊德的首创，但是，他在自己的研究中证明了无意识的存在，并且建立了系统的无意识理论，使无意识成为精神分析理论的核心概念。所以，历史更多地将无意识概念与弗洛伊德的名字联系在一起。

意识、前意识和潜意识

弗洛伊德认为，意识（conscious）是能够为理智所清晰把握的心理活动。意识从何而来？他指出，"意识效果只是潜意识的一个遥远（即次要的）的精神产物，而后者不单是以此种方式呈现在意识界，而且它的出现与运作常常为意识所不知"。由此可知，意识是人的精神结构中很小、很微弱的一部分，它来源于无意识，如果离开了无意识，意识便成了无本之木。

前意识（preconscious）是无意识的一个重要组成部分，是无意识和意识之间的临界地带，弗洛伊德常将其称为"潜伏的无意识"。从动力意义上讲，前意识更接近意识而不是潜意识。

潜意识（subconscious）是因受到压抑而被摒弃于意识领域之外的、隐藏于心理深层的、总在试图寻找出路来表现自己的心理能量。潜意识是人类活动的根本驱动力，包括个体的原始冲动、各种本能以及各种欲望，由于其邪恶性而受到社会道德的压抑，潜藏于意识阈限以下。一般来说，潜意识不能转化为意识，弗洛伊德最为重视潜意识这一心理结构，称其为"心理现象的主要部分和动力中心"。

在潜意识和前意识之间有一道审查，前意识和意识之间也有一道审查。前一道审查的作用是，阻止具有破坏性的潜意识进入前意识，只对较为安全的潜意识放行。被放行的潜意识就披上了前意识的外衣，它们尽量使自己更像前意识，以便能够通过第二道审查。第二道审查的作用是，鉴定试图通过这里的前意识的真伪，对于真正的前意识会放行至意识，一旦发现那些由潜意识伪装成的前意识，则会将其再次逐回潜意识。不过，再严格的审查也有漏洞，一些潜意识的衍生物很可能通过第二道审查而进入意识，此时，潜意识的对象概念就会被意识的语词概念所替代。这一过程反映到个体身上，个体就会出现梦、口误、笔误、遗忘等现象。精神分析的目的就是通过潜意识的微弱表现来揭示更多的潜意识，从而达到治疗精神病的目的。

前意识和潜意识被弗洛伊德合称为无意识（unconscious），其中后者是无意识的主体，也是精神分析学所要探讨的重点。有些时候，弗洛伊德学说里的无意识又特指潜意识。

为了更好地向人们解释三者的关系，弗洛伊德把它们形象地比喻为海面上的一座冰山，露出水面的部分相当于看得见、感觉得到的各种意识，随着波浪的起伏而时隐时现的部分相当于前意识，深藏于海水中无法看见的部分相当于潜意识。

无意识有哪些特征呢？弗洛伊德将其概括为六个。第一个是原始性，无意识是人性中最初级、最简单、最低级、最基本的因素。第二个是冲动性，这一点是无意识的动力

意识、前意识和潜意识

特征，无意识总是试图能够在意识中得以表现，意识也因而得到了自身的动力源泉。第三个是非逻辑性，无意识中没有逻辑，处处是混乱、矛盾和冲突。第四个是非时间性，无意识的内容不按照时间顺序进行，也不随时间的推移而改变。第五个是非道德性，无意识的内容与社会道德是格格不入的，正因为其不符合道德准则才被压抑到无意识中。第六个是非语言性，无意识的表达主要借助知觉材料，并无语言参与。

无意识理论的创立，引发了人类思想领域的一场革命。正如弗洛伊德曾经不无骄傲地说过的一句话，在近代史上，人类的自恋心理共遭遇过三次沉重的打击：第一次是哥白尼的日心说，第二次是达尔文的进化论，第三次就是自己的无意识论。日心说的提出，否定了地球在宇宙的中心位置这一说法，进而从地理上否定了人的高贵地位；进化论则认为人和动物一样都是进化而来的，否定了人是上帝的

88

恩宠的观念，进而从起源上否定了人生而凌驾于万物之上的思想；而无意识论则让人认识到，原来我们不仅不是宇宙的主宰，地球理所当然的主人，甚至不能主宰自己的心灵，做自己的主人。

邮票中的哥白尼

3. 人格论

随着研究的不断深入和成熟，弗洛伊德发现，将心理划分为意识、前意识和潜意识仍有一定的局限性。在 1923 年出版的《自我与本我》（*The Ego and the Id*）一书中，弗洛伊德详细阐述了由本我、自我和超我构成的人格论，这一人格论是在无意识论的基础上发展而来的。

本我、自我和超我

"本我"是弗洛伊德从尼采那里借来的一个术语，"本我"在德文中的原意是"对我来说这是一场梦"。本我是人格中与生俱来的最原始的部分，是人格形成的基础。本我是一个混沌的世界，它容纳着一团杂乱无章的、本能性的、被压抑的欲望，其中以性本能为主；本我是各种既令人惊奇又令人迷惑的心理活动的发源地。弗洛伊德把本我形容为"巨大的深渊，一口充满沸腾刺激的大锅"。本我代表的

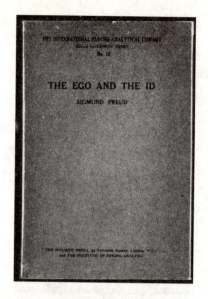

《自我与本我》封面

是情欲，完全按照快乐原则行动。本我不考虑外界现实的情况，不考虑时间、地点，不考虑用什么方式、方法活动，而是追求欲望的立即满足。本我概念是弗洛伊德后期理论的基石。

自我从本我中分化而来，是有意识的结构部分。自我是人格的执行者，对本我和超我的关系起着重要的协调作用。自我作用发挥得好，人格就协调发展，反之人格就不协调甚至畸形发展。自我代表的是理性，完全按照现实原则行动，它既要满足本我的即刻要求，又要按照客观条件行事。所以，自我常常制约着本我，使本我能够推迟能量的释放，直到找到合适的机会为止。比如，按照本我的要求，人们一旦饥饿，看到食物便会吃，但自我告诉人们，必须选择卫生的、可口的、属于自己的食物来吃。为了帮助人们理解本我和自我的关系，弗洛伊德作了一个比喻：

本我好像一匹马，自我犹如马背上的骑士，骑士从马那里获得力量并且控制着马行进的方向，特殊情况下，受惊吓的马会不顾骑士的口令而四处狂奔。

　　超我在人格中处于最高层次，它从自我中分化出来，是道德化了的自我。超我按照至善原则行动，其功能主要是检查自我、监督自我和奖惩自我。超我起源于两个重要因素的结果，一个是生物本性，另一个是历史本性。首先，从生物本性上说，超我是俄狄浦斯情结的压抑造成的，它根源于力比多的冲动。例如，一个男孩既与父亲作对，又常以父亲自居，要解决这对矛盾，他必须把父亲的压抑力量变为自己内在的压抑力量，以控制俄狄浦斯情结，这样，他就通过自我理想的方式形成超我。其次，从历史本性上说，本我中的俄狄浦斯情结是由祖先遗传下来的，超我就是从这种历史本性中发源而来的。另外，在个体超我的形成中，奖励和惩罚起了重要的作用。

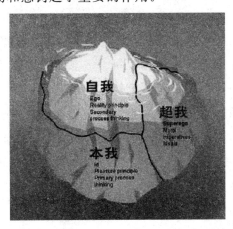

本我、自我和超我示意图

　　弗洛伊德认为，在人格的三个结构中，自我是一个非常难当的角色，它既要受到非理性的本我的逼迫，又要接受严厉的超我的监察。自我的本职工作是代表外部世界的需要，但它又与本我保持着友好关系，有时也把本我的冲动指向自己从而成为本我的奴仆。当本我顽固不屈时，自我必须掩盖本我和现实的冲突，当本我和超我矛盾时，自我又要调节二者的关系。另外，自我还要受到来自超我的严格监视，如果自我稍有失职，将会受到超我的严厉惩罚。所以，自我处在本我、现实、超我三者的夹缝中，艰难地履行着它的职责。正因为如此，人格的失衡和病变往往从自我开始。

人格的动力

人格是一个动态的系统，这个系统的能量来源于本能。本能代表人的心理过程的原始状态，好像一条奔腾不息的河流，源源不断地滋润着岸边的花草树木。本能反映在个体的心理世界就是本我，本我是心理能量的蓄水池。那么，心理能量怎样从本我的蓄水池中取出进而形成自我和超我呢？

本我的能量是通过反射和愿望满足两种方式来实现的，两种方式在满足本我要求的同时，都要以消耗能量作为代价。本我的能量就是在对象性发泄的过程中消耗掉的。本我按照快乐原则行事，本我在消耗能量的过程中，常常会与自我和超我发生冲突，冲突中本我多数情况会败下阵来，这时个体的表现就符合社会期望；但是在少数情况下，本我会在冲突中胜出，这时个体就表现出过失或错误行为。

自我的能量来自于本我，当本我的能量尚未转移到自我时，自我是不存在的。例如，婴儿只有本我，没有自我。随着个体逐渐地长大，理性逐渐形成，这时，自我就从本我那里获得了能量，成为人格的一个组成部分。随着个体社会化的深入，自我逐渐从本我的蓄水池中获得了更多的能量，自我就会越来越强大，所以，一般来说，年龄越大的个体，其自我越强大，个体也就越理性。

超我的能量来自于自我，超我同样是在个体社会化的过程中逐渐形成的。超我代表了社会道德和人生理想，超我除了对自我进行监督这一主要功能以外，还负责阻止本我产生冲动性行为，引导本我将能量用在遵守社会道德和追求人生理想等方面。一个人的本我在人生理想和社会道德上释放的能量越多，就越能成为对社会有用的人。

心理性欲发展理论

弗洛伊德的人格理论被称为"心理性欲发展理论"，这是因为，该理论是建立在他的性心理发展理论的基础上的。弗洛伊德认为，人格发展的每一阶段都有一个特定的区域成为力比多兴奋和满足的中心，根据这个区域的不同，可以把人格划分为口唇期、肛门期、性器期、潜伏期、生殖器五个阶段。

第一个阶段是口唇期（Oral Stage），主要表现在 1 岁以前的婴儿身上。

这一阶段儿童的身体动作以口唇为主，口唇成为力比多的代表性区域。在口唇阶段的初期（0～8 个月），快感主要来自唇与舌的吮吸活动，吮吸本身可产生快感，婴儿不饿时也有吮吸手指的现象就是例证。根据弗洛伊德的观点，一个被"停滞"在口唇阶段初期的人可能会从事大量的口唇活动，诸如沉溺于吃、喝、抽烟与接吻等，这种人的人格被称为口欲综合型人格。在口唇期的晚期（8 个月～1 岁），体验的感受部位主要是牙齿、牙床和腭部，快感来自撕咬活动，一个被"停滞"在口唇阶段晚期的人会从事那些与撕咬行为相类似的活动，如挖苦、讽刺与仇视，这种人的人格被称为口欲施虐型人格。

第二阶段是肛门期（Anal Stage），大约从1岁到3岁。

这一阶段，肛门成为个体力比多的中心，排便成为获得快感的方式。在这一时期，儿童必须学会控制生理排泄，使之符合社会的要求，也就是说儿童必须形成卫生习惯。于是，儿童的排便愿望与外界要求之间便出现了冲突，弗洛伊德把这个冲突看作个体最早的本我和自我之间的矛盾。弗洛伊德认为，个体幼年时期受到的排便训练对成年后的人格有着很大的影响。若排便活动没有受到任何限制，个体成年后的性格就会倾向于肮脏、浪费、凶暴和无秩序，形成"肛门排泄型"人格；相反，若排便活动被严加限制，个体成年后则倾向于清洁、忍耐、吝啬和强迫，形成"肛门滞留型"人格。

第三阶段是性器期（phallic stage），大约从3岁到5岁。

这一阶段，儿童会表现出探索自己身体的趋向，摆弄生殖器成为他们快感的主要来源。此阶段是弗洛伊德心理性欲发展理论中最复杂和最受争议的阶段。这个阶段里，个体身上出现的最显著的两个现象是"俄狄浦斯情结"（或"爱列屈拉情结"）和"认同作用"。根据弗洛伊德的说法，男孩到了这个年龄，开始对自己的母亲产生一种爱恋的心理和欲求，同时又有消除父亲以便独占母亲的心理倾向；另一方面，男孩因为自己的不道德想法而产生"阉割恐惧"，害怕自己的性器会被父亲割掉。为了应付由此产生的冲突和焦虑，男孩最终会抑制自己对母亲的占有欲，同时对父亲产生认同作用，从而开始模仿父亲的行为方式。与

94

此类似的心理过程和行为反应也发生在女孩身上，也就是所谓"爱列屈拉情结"，女孩最终也对母亲产生认同作用，从而开始学习母亲的行为方式。弗洛伊德认为，性器期对个体的成长和社会化极为重要。

第四阶段是潜伏期（latent stage），大约从 5 岁到 12 岁。

这一阶段没有力比多集中满足的区域，力比多处于休眠状态。儿童将兴趣从异性父母身上转移到了自身以外的其他事物上，如游戏、体育、歌舞、艺术、学习等。此时，儿童更多的是与同性同伴交往，他们往往不愿接触异性，男女儿童界线分明，拥有异性朋友的儿童常常成为大家嘲笑的对象。

第五个阶段是生殖期（Genital Stage），大约从 12 岁到 20 岁。

这是人格发展的最后阶段，也即通常所说的青春期。在这个时期，个体的兴趣逐渐从追求自己的身体刺激转变为异性关系的建立与满足，儿童已从一个自私的、追求快感的孩子转变成了具有异性爱权利的、社会化的成人。弗洛伊德认为，这一时期如果不能顺利发展，个体就有可能产生性犯罪、性倒错，甚至患上精神病。

弗洛伊德认为，生殖期人格是人格的理想状态，拥有这种人格的个体在性的方面、心理方面、社会方面都是成熟的、完美的。但是，很少有人能够真正达到生殖期人格的水平，原因是在人格发展过程中，由于多种原因会导致力比多遇到两种危机：固着（fixation）和倒退（regression）。固着是在人格发展过程中，由于力比多不能满足或过分满足而使人格停滞在某一阶段不能向前发展。例如，某些强迫性进食症的患者往往并非因为饥饿才进食，他们进食更多是为了追求口唇的刺激，那么这些患者就是人格固着于口唇期的结果。倒退是在人格发展过程中，由于力比多受到挫折而退至先前的发展阶段。例如，有的失恋者在百般努力但却仍然失败后，会转而追求过去的恋人，甚至会尽力引起自己异性父母的注意，或者说出自己幼年时期常说的话，做出幼年时期常做的行为。由于固着和倒退在大多数人身上都或多或少地存在，所以真正具有生殖期人格的人是少之又少的。

上述五个阶段中，弗洛伊德尤为重视前三个阶段，他认为个体 5 岁时的人格决定了成年后的人格。从重视早期教育这一角度来看，他的这一观点无疑是具有积极意义的。

4. 焦虑论和自我防御机制

焦虑的根源

当本我的欲望和需求得不到满足时，人们便会体验到焦虑。

在早期理论中，弗洛伊德认为本我是焦虑产生的根源。当自我感到来自本我的巨大的本能冲动和思想的威胁时，便会压抑它们。但是，压抑只能阻止本能冲动的表达，却不能磨灭附着于这些冲动上的力比多能量，所以压抑只是导致了表达冲动的观念与力比多能量的分离，力比多能量总在伺机寻找发泄的途径，于是便通过转化成焦虑的方式得到释放。

在晚期理论中，弗洛伊德在本我、自我、超我的人格结构理论的基础上，提出焦虑的根源不在本我，而在自我，只有自我能够产生并感受焦虑。由于这一观点在弗洛伊德的学说中不占重要地位，本书不再赘述。

原始焦虑和后继焦虑

焦虑的发展经历了两个阶段：原始焦虑（primary anxiety）阶段和后继焦虑（subsequent anxiety）阶段。

原始焦虑产生于如下情况，当自我的力量与本能的力比多能量相距悬殊时，自我不足以识别，也没有发展起足够的防御机制来压抑这些本能，从而陷入被动无能的境地，便产生了焦虑。这种由自我与本我的冲突直接导致的焦虑叫做原始焦虑。

在个体以后的发展中，自我的力量逐渐增强，当原先让自我产生焦虑的本能冲动和力比多能量再次出现时，自我就有足够的力量识别这些冲动，但可能不具备足够的防御能力，会再次陷入被动无能的原始焦虑状态。这时，自我就会以焦虑为信号，动员内部所有业已发展起来的防御机制来进行应对。这种作为信号的焦虑便是后继焦虑。

由此可见，原始焦虑是自我被动体验到的焦虑，后继焦虑是自我主动体验到的焦虑，而主动体验的关键就在于个体有先前的焦虑经验做基础，而且自我也发展出一些相应的防御机制。所以说，原始焦虑是后继焦虑的基础。

焦虑的种类

弗洛伊德认为，焦虑是自我感觉处于危机而无法应对时所发出的"警报"，这些"警报"分别来自外界环境、本我和超我，依据"警报"来源的不同，可以把焦虑相应地分为现实性焦虑（reality anxiety）、神经性焦虑（neurotic anxiety）和道德性焦虑（moral anxiety）。这三种焦虑尽管来源不同，但性质是相同的，即不愉快。

现实性焦虑是指由外界环境中真实的危险所引起的情

绪体验。这种类型的焦虑是恐惧的同义词，对于个体保护自我具有积极的意义。例如，遇到毒蛇、地震、水灾等危险时人们往往会产生现实性焦虑。当危险消除时，现实性焦虑也就减轻或消除了。

神经性焦虑是指个体因担心自己的本我冲动会导致不良后果时所产生的情绪体验，而这种不良后果又与现实的惩罚、痛苦相联系。所以现实性焦虑是神经性焦虑的基础。"如果我这样做，我将遭受伤害或惩罚"，这种内心想法就是神经性焦虑的典型描述。如果个体的本能冲动不会带来惩罚，人们就不会产生神经性焦虑。

道德性焦虑是指当个体的行为违反了超我的价值观时，引起内疚感的情绪体验。如果本我中不道德的冲动得到了满足，超我就会以羞耻感、罪恶感来警告并谴责自我，形成个体的道德性焦虑。通过道德性焦虑，个体可以调整自己的行为，使其符合良心和社会道德的要求。

人们体验到的焦虑经常不止一个来源，可能是两种或者三种来源的混合状态。一定强度的焦虑对人的生命具有重要意义，它提醒人们警惕已经存在的内部和外部的危险，使人们能够及时采取措施避开危险。如果个体意识到所面临的危险十分严峻，自己竭尽所能仍无法避开，焦虑强度就会不断增加，最终有可能把个体压垮，导致人格崩溃。例如，生活在纳粹集中营中的犹太人，他们知道危险正一天天临近自己，却无能为力，焦虑强度便逐步增加，后来，在被解救出来的犹太人当中，有些人的人格就已经偏离了常态。

自我防御机制及其种类

弗洛伊德认为，为了减轻焦虑，自我可能采用否认现

98

实甚至歪曲现实的非理性方法，这便是自我防御机制（self-defensive mechanism）。自我防御机制是自我在无意识状态下采用的一种自我保护技能。

弗洛伊德去世之后，他最小的女儿安娜（Anna Freud，1895－1982）便着手对他的自我防御机制理论进行扩展和系统化，安娜最终将父亲的自我防御机制分为8种。

第一种是压抑（repression）。

这是最重要和最基本的防御方式。压抑是指把令人感到紧张和痛苦的思想、观念，以及个人无法接受的欲望和冲动压入潜意识之中，使其不为自己觉察到。这一概念在弗洛伊德的理论中占有极其重要的地位，1915年，弗洛伊德在《压抑》（*Repression*）一书中曾经指出，"压抑理论是整个精神分析框

安娜·弗洛伊德

架赖以存在的柱石"。正是通过对压抑的分析，他才发展出潜意识理论。

弗洛伊德认为压抑有两个重要特征，其一，压抑是一种动机性遗忘，它不同于一般性的遗忘过程。前者是有选择地把某些能导致个体痛苦或紧张的思想观念从意识中删除的一种积极主动的心理过理，后者是由于各种原因而导致的自然遗忘，是一种消极被动的心理过程；其二，被压抑的思想观念并没有消失，而是储存在潜意识中，如果由于某种原因，伴随被压抑内容的消极情绪体验消失，则这些思想观念还可以重返意识领域。

弗洛伊德把压抑分为两种类型，第一种类型称为"原

初压抑"，意为拒绝某些威胁性的内容进入意识领域。这种类型的压抑是在个体还没有意识到某些内容之前，这些内容就已经被驱赶到潜意识领域中。第二种类型称为"严格的压抑"，这种类型的压抑是在个体意识到某些内容之后起作用的，一旦个体压抑了这些内容，它们将不能再被意识到。

压抑对于人们的心理健康有着重要的意义，它帮助人们更多地注意对自己有益的事物而忘记有害的事物。例如，很多人宁愿相信自己能中六合彩而不愿想象自己上街时遇车祸的危险，其实后一种的概率远比前者大，这是一种压抑机制的不自觉运用。因为当人意识到每次上街都要面临车祸的威胁时，就会感到焦虑，为了避免焦虑，人们宁愿相信这样的事情不会发生。

压抑理论曾在心理学界引起了广泛的争论，许多学者试图从实验的角度论证压抑，结果在一定程度上证明这种现象是客观存在的。有些学者对第一种类型的压抑作了这样的实验：在荧光屏上快速显示一些中性词条和一些能引起紧张情绪的词条，并要求被试尽可能地大声读出，结果发现，能引起紧张情绪的词条比中性词条要显示更长时间才能被读出。这个实验说明，意识不愿接纳那些能引起紧张情绪的词条，这也就证明了第一种类型的压抑是客观存在的。还有些学者以电击和记忆某些词条配对的实验来验证第二种类型的压抑，结果发现，和电击配对的词条比没有和电击配对的词条更难回忆，从而说明第二种类型的压抑也是客观存在的。

第二种是投射（projection）。

投射是一种最原始的防御机制，这种防御机制就是把能引起焦虑的冲动、欲望、人格特征或动机推诿到他人身

100

上或归咎于别的原因。弗洛伊德认为，社会偏见即是来源于投射的作用，精神病中的妄想狂同样来自投射。再如，一个人性欲望强烈，就可能梦见自己的一个最要好的同性朋友在与异性发生性关系，这是自我为了逃避超我的责难，同时又要满足本我的需要，将自己的欲望投射到别人的身上，从而得到了某种形式的解脱。

第三种是移置（displacement）。

移置指个体的本能冲动和欲望不能在某个对象上得到满足，就会转移到其他对象上，或是转变驱力。

弗洛伊德把移置分为两种类型。第一种移置是对象移置，这种移置是个体把对某个人或物的情感转而表达给另外的人或物。例如，学生在学校受到了老师的批评，往往把悲伤和愤怒发泄到家里的宠物身上；一个丧偶的寡妇，更能够加倍疼爱自己的孩子。对象移置的防御功能在于，通过将危险对象改换为安全对象（或将不可能对象改换为可能对象），个体能够避免报复行为可能带来的威胁，同时原有情绪能量的发泄又可以消除内心的焦虑和不安。第二种移置是驱力移置。对象移换是情感不变，对象转变，而驱力移置是对象不变，情感改变。例如，当人类的性本能受到压抑时，常常会增加侵犯行为的表现，反之亦然，这便是驱力移置。根据弗洛伊德的观点，驱力移置往往是个体在无法使用对象移置时的权宜之计，因为驱力改变的难度明显大于对象改变。

第四种是否认（denial）。

否认指个体拒绝承认引起自己痛苦和焦虑的事实的存在。通过否认，个体就可以不必面对生活中那些无法解决的困难和无法达成的愿望，从而减轻内心的焦虑。例如，一个考试不及格的学生，往往不愿意面对丢面子和要交钱重修学分的痛苦，而认为这是老师搞错了，或在故意为难他。再如，一个小学生在上学途中遭遇车祸身亡，其母亲得知这个消息后并未悲痛欲绝，她拒绝去现场收尸，而是仍然每天给孩子铺床、做饭，她说孩子去外地旅游，不久就会回来，显然这位母亲是通过否认车祸的发生来避免自己精神的崩溃。

否认与压抑是不同的，否认是对客观事件的重新解释，压抑则是从意识中抹去对某些事件的记忆，但是在否认中，压抑也起着一定的作用。

第五种是反向作用（reaction formation）

反向作用是指用相反的行为方式来替代受压抑的欲望。例如，青春期的男女生之间产生了异性相吸的心理现象，但由于害怕受到同学的嘲笑，他们往往对喜欢的异性同学不仅不去接近，反而故意地去疏远，甚至在同伴面前诋毁这位异性同学。再如，有些社交恐惧症的病人内心是渴望接触异性的，但却偏偏表现出对两性交往的恐惧。还有那个家喻户晓的"此地无银三百两"的故事，主人公为了避免别人知道他在地里埋了三百两银子，就故意在那里写了"此地无银三百两"的字样。

第六种是认同（identification）

认同是指个体把某人的特征加到自己身上，以某人自居，所以也称自居作用。弗洛伊德认为，儿童在3～5岁（性器期）时，正是通过自居作用才克服了对异性父母的爱恋，从而逐渐形成了超我。以后，个体又会以父母以外的其他重要人物自居，如老师、同伴和名人等，从而进一步内化社会的价值观和行为方式，丰富和发展自己的人格。

作为一种防御机制，当个体遇到挫折时，常常把自己视为某个成功的人物或偶像，从而分享其成就和威严，减轻焦虑和痛苦。例如，一个小学生在学习某英模人物的大会上对其产生了认同，在以后的学习和生活中，每当遇到比较大的困难，该小学生就以那位英模人物自居，从而坚定了他克服困难的信心。由此可知，认同对人格发展的影响是非常大的。

第七种是退行（regression）。

退行是指当个体遇到挫折时，以早年某个发展阶段的幼稚行为来应付现实，目的是获得他人的同情，减轻焦虑。弗洛伊德把退行分为两种类型：第一种为对象退行，第二种为驱力退行。对象退行是指个体在不能从某个人或物那里获得满足时，就转向以前曾获得满足的对象，例如，有的大学生在学习上不能获得成就感，就迷恋儿童时期的游戏。驱力退行是指一种驱力受挫的个体转而追求另一种驱力的满足，例如，失恋者可能会抽烟、酗酒、过量饮食等。

对象退行和驱力退行与对象移置和驱力移置之间是不同的，差异就在于对象退行和驱力退行含有发展上的回归。无论对象退行还是驱力退行都是个体早期曾经出现过的行为，如抽烟、饮酒都是口唇期有过的满足口欲的表现。相反，对象移置和驱力移置则不具备这种特征。

第八种是升华（sublimation）

升华是指把不被社会接受的冲动或欲望用社会赞许的行为方式表达出来。升华并非强行抑制本能欲望的满足，而是通过改变冲动的目的和对象，使其以新的形式表现出来，这种新的形式往往具有一定的创造性和建设性，能为社会所赞赏。弗洛伊德认为，升华是个体自我防御机制的最高表现形式。但是，并非人人能够使用这一防御机制，按照弗洛伊德的说法，个体只有在自我是健康的、成熟的，且性本能得到部分满足时，才可能采用这种防御机制。他把人类在科学、文化和艺术上的成就都归结为本能冲动的升华作用。例如，弗洛伊德在分析《圣母像》（*Virgin Mary*）这幅绘画巨作时认为，它是画家达·芬奇（Leonardo da vinci，1452—1519）的俄狄浦斯情结升华后的产物。再如，有一个力比多受到压抑的大学生，由于客观条件所限，无法通过正常的途径来满足其本能欲望，于是他坚持每天长跑，最后在校运会上获得了长跑冠军。

达·芬奇的《圣母像》

弗洛伊德把一切科学发明和文艺创作都视为本能冲动的升华，这无疑是对人类文明的一种误解，这一观点也招致了其他学者的强烈反对。

除了上述八种以外，弗洛伊德还提到过一些其他的自我防御机制，如抵消（undoing）、补偿（compensation）、合理化（rationalization）、幽默（humor）等，由于他对这些机制的论述并不充分，故此本书不再赘述。

自我防御机制的特征

弗洛伊德认为，自我防御机制有如下一些特征。

第一，自我防御机制是在潜意识中发挥作用的，它一旦进入人们的意识，作用就会大打折扣。

第二，自我防御机制带有自我欺骗、歪曲现实、逃避现实的性质。

第三，自我防御机制本身不是病态的，但是存在一个度的问题，在这个度的范围内，它有利于保持心理健康，一旦超出这个度，它便会引起心理问题。

第四，自我防御机制既可以单独发挥功能，又可以几种同时起作用。

5. 梦论

梦不仅是弗洛伊德借以了解无意识的重要方式，梦论本身也是精神分析学说的重要组成部分。弗洛伊德在《精神分析引论新编》（*New Introductory Lectures On Psycho-analysis*）中有如下一段话，我们可以看出，梦论在精神分析中占有重要地位。

> 我们都应当先注意梦的学说，因为这个学说在精神分析史内占有特殊的地位，标志着一个转折点。有了梦的学说，然后精神分析才由心理治疗法进展为人性深度的心理学。梦的学说始终是精神分析的最特别而为其他科学所绝对没有的东西，是从民俗及神话的领域内夺回来的新园地。①

---

① ［奥］弗洛伊德. 精神分析引论新编. 北京：商务印书馆，1987：3.

《精神分析引论新编》封面

梦的材料来源

弗洛伊德认为梦的材料主要有以下几个来源：

第一，梦总是偏重选择最近几天的印象。其中有些印象直接表现于梦中，有些通过梦联合为单一的整体，有些需要借助于新近的事件作为暗喻而表现于梦。这种现象在儿童的梦境中表现得更为明显。另外，不仅主宰个体情绪的大事件能够进入梦境，就连一些个体认为无关紧要的琐碎事件也可以成为梦境的重要来源。

第二，早期的生活经验。早期的生活经验和新近的印象都将优先被梦使用，其中早期的生活经验通常以暗喻的形式表现于梦中。

第三，肉体刺激方面的来源。如果身体刺激在强度上能够引起人的注意却又不致使人惊醒，就极易引起梦境并成为梦的材料。

第四，精神刺激方面的来源，包括白天的思想、愿望、动机、决心等。"日有所思，夜有所梦"，指的就是这种情况。

这里我们可以看出，弗洛伊德认为梦并非超自然的神谕，只不过是一种心理现象，而引起这种心理现象的原因不外乎是身体的和精神的刺激。弗洛伊德并不看重梦境材料本身的价值，他认为梦的意义在于蕴含于其中的潜意识欲望，梦境材料只不过是达到潜意识的跳板而已。这种观点摆脱了长期以来人们对梦的迷信化解释，无疑具有极大的进步意义。

为了进一步揭示梦的真正含义，弗洛伊德把梦分为显梦和隐梦，显梦是指实际体验到的梦，隐梦是指隐藏在显梦背后的梦的真正含义。

弗洛伊德认为，梦的工作过程是很复杂的，它首先要将各种因素，即各种记忆内容结合起来，这些因素主要是个体新近的体验，通常是发生于之前二十四小时以内的事情。梦的运作将这些体验挑出来，与其他相关材料相联系，并表明无意识的想法，也可能是来自过去的，以致可追溯到个体的早期、童年期的体验。梦的工作就是将这些形形色色的想法组合成一种戏剧性的产品，而梦的工作过程使用了多种手法，其中最主要的有四种：凝缩、移置、象征、润饰。

关于显梦、隐梦、梦的工作过程等内容，我们在前面的章节已有论述，这里不再介绍。

梦的本质

关于梦的本质，弗洛伊德认为，梦是被压抑愿望的满足。他指出，使愿望在梦中得到满足，有利于个体精神的平衡，同时也有利于保护睡眠不受干扰。

为了论证所有的梦都是个体愿望的满足，弗洛伊德列举了大量的梦例，这里引用如下几个来说明。

弗洛伊德多次进行自我实验，他故意吃很咸的食物，控制饮水量，然后在口干舌燥的状态下入睡。结果，他多次梦见喝水的情景，痛饮甘泉。他认为，梦境中喝水的情景可以缓解他的口渴，于是他就不会醒来，睡眠得以保证。弗洛伊德称这样的梦是一种"方便的梦"。

裴皮是弗洛伊德年轻时在医院工作期间的同事。一天早上，裴皮睡得正香，房东太太喊道："裴皮先生，您该上班了，起床吧！"于是，裴皮梦见自己睡在医院的某个病房里，床头牌号还写着自己的名字，裴皮在梦中想，既然自己已经到了医院，还住进了病房，那么就不用急着起床了。于是他一翻身又睡着了。

有位朋友的妻子梦见来月经，请教弗洛伊德是什么意思。弗洛伊德推测说，她怀孕了，而她的愿望是不要怀孕，所以在梦中月经如期而至。

一位夫人梦见自己的上衣沾满了乳汁，迷惑不解，前来向弗洛伊德咨询。弗洛伊德解释说，她几年前已经有了一个孩子，现在又怀了孕，年轻的妈妈希望即将诞生的孩子比上一个孩子有更多的奶水吃。

按照弗洛伊德的理论，不论是简单的梦还是复杂的梦，本质上都是愿望的达成。儿童的心理较之成人的更加单纯，所做的梦也就更加单纯，是通俗的白话文而不是深奥的象形文字。他说，就像我们研究低等动物的构造发育，以了解高等动物的构造一样，我们应该可以多多探讨儿童心理学，以了解成人心理。小孩的梦，是简单明显的愿望达成，虽然它比起成人的梦显得枯燥，但却提供了"梦的本质是愿望的达成"这一理论的最佳例证。另外，因为儿童的梦简朴、明白、易懂、未曾化装或很少化装，因此，分析儿童的梦几乎不需要任何技术。

1896 年夏天，弗洛伊德和妻子、8 岁的小女儿、5 岁零 3 个月的儿子，以及邻居家 12 岁的小男孩艾米尔一起去旅行。他的小女儿对小男孩艾米尔产生了一定的好感，两人玩得十分开心。第二天早餐时，小女儿说："昨晚我梦见艾米尔成了我们家的人，和我们一样叫爸爸、妈妈，和我们同睡一个房间，妈妈进来，在每个人的枕头下塞了一块巧克力。"就这样，小女儿想让邻居家孩子成为永久的好朋友的愿望在梦中得到了满足。

"梦是愿望的满足"这一观点，遇到了不少人的责难。哲学家哈特曼（Nicolai Hartmann，1882—1950），就是众多反对者之一，哈特曼认为，梦里痛苦与不祥的内容，远比愿望满足的情况更为多见。弗洛伊德对哈特曼的反击是，不要被梦的表面现象所迷惑，一切梦都是愿望的满足，至于表面看来不体

德国哲学家哈特曼

现个体愿望的梦，其实从本质上讲仍是愿望的满足，只不过是变形的满足而已。下面引用弗洛伊德的两个梦例来说明他的理论。

一个聪明的女病人告诉弗洛伊德："你总是说，梦是愿望的达成，我现在可以提出一个完全相反的梦，梦中我的愿望完全无法实现。梦是这样的，我梦见我想请客人在家中吃晚饭，但我手头上只有鲑鱼而已，我想出去采购，但偏巧是礼拜天下午，所有商店都关门了。我又想打电话给

餐馆，偏偏电话线又断了，因此我最后只好死了这条做晚餐的心。"了解详情之后，弗洛伊德对病人解释道："你压根就不想请那位女友吃饭，因为你潜意识中认为请她吃饭会使她长胖，她一旦长胖就将成为一个不折不扣的美女，而你的先生就有可能对她产生非分之想。"①

梦是愿望的满足

《梦的解析》中记载过另一位反驳弗洛伊德的女患者。该患者是个少女，她告诉弗洛伊德，她的姐姐有两个儿子，大儿子叫奥托，小儿子叫查尔斯，不幸的是奥托于不久前夭折了。患者做了一个可怕的梦，梦中她看见查尔斯躺在棺材里，样子正如不久前他的哥哥一样。患者因为这个梦而伤心，难道自己想要让姐姐现在唯一的孩子也夭折吗？这难道是梦者愿望的满足吗？弗洛伊德并未急于为自己的理论辩解，他首先着手去了解患者的生活。经详细询问，他了解到：患者从小在姐姐家长大，姐姐家常常光顾的客人当中有一男子令她心仪已久，但因该男子与姐姐的关系破裂，他已经很久没有来过了，只是在小奥托去世时患者才又一次见到了这个男子。在做梦前一天，患者曾经想要去参加一个音乐会，因为在音乐会上或许能与该男子邂逅。知道这些后，弗洛伊德胸有成竹地做了如下解释：如果查尔斯去世的话，那位男子很可能再次前来吊唁，那么患者就会再次见到他，所以，这个梦仍然是患者愿望的满足。至于查尔斯的去世这个细节，只不

---

① 弗洛伊德．梦的解析．北京：作家出版社，1986．

过是为了引导出更为关键的情节而已，并无更多的意义。

在晚期理论中，弗洛伊德认为"梦是愿望的满足"存在一种例外，即外伤性精神病患者的梦，这种梦往往是梦者希望把已经忘掉的创伤性经历再次回想起来。弗洛伊德认为，大多数的梦都受快乐原则的支配，都能够象征性地满足梦者的愿望；但是，极少数外伤性精神病患者的梦服从强迫重复原则，这样的梦必须使用另外的方法来解释。

梦的化装

弗洛伊德认为，大多数梦的内容是对潜意识本能冲动的改头换面的替代物，这便是梦的化装。自我的稽查作用在夜间只是降低而非消失，本能冲动只有化装后才有可能通过自我的稽查，进而转化为梦境。

梦的化装分为两种情况：梦的检查和梦的象征。

首先，我们介绍一下梦的检查。

有悖于超我的本能冲动若想在梦境中得以表现，必须采用化装的手法来通过梦的检查。每个人都会发现梦境的内容时断时续，或发现总有一些含糊不清的情节出现于梦中，弗洛伊德认为，这就是梦的检查功能的具体表现。这一点就像新闻检查制度，有时报刊上会出现一些文字的删减，被删减部分一定是新闻检查员不赞许的事实或观点。有时文章作者能够预料到某些文字或许较为敏感，于是就将那些文字含糊其辞，以免给自己带来不利。梦中重要情节的缺失或含糊化就是这样的道理。接下来，我们引用弗洛伊德的一个梦例来说明这种情况。

一个十三岁的男孩，身体不好，常常焦虑与多梦，他的睡眠开始受到困扰，几乎每个星期都有一次从睡梦中惊醒，非常焦虑而且伴随着幻觉。他一直都能清楚地记得这些梦。他说，梦中，恶魔向他喊："啊，我们捉到你了！啊，我们捉到你了！"于是有一种沥青和硫黄的味道，而他的皮肉被烧焦了。他由梦中醒来时感到非常害怕，连话都说不出来。当他能够说话时，他清楚地听到自己在说："不，不，不是我。我什么都没有做过！"或者："请不要这样！我再也不干了！"有时又说："阿尔伯特从来没有这样做过！"后来，他拒绝脱衣服，"因为火焰只有在他不穿衣服的时候才来烧他。"当他持续做这种噩梦的时候，他被送来我们的国家。经过十八个月的治疗后，他康复了。有一天，在他十五岁的时候，他这么承认："我不敢承认，但我一直有针刺的感觉，我的那个部位总是过度兴奋，这使我感到焦虑，好几次我真想从宿舍的窗口跳下去！"

我们可以毫无困难地做出如下结论：①他小时候曾经手淫过，他竭力要否认它，并害怕因此受到惩罚（他的招供是："我再也不干了"、"阿尔伯特从来没有这样做过"）。②随着青春期的来临，由于生殖器的兴奋，这种手淫的冲动又开始了。③他努力去压抑，因而压制了他的力比多并将之转化为焦虑，这种焦虑战胜了原来威胁着他的惩罚。①

其次，我们介绍一下梦的象征。

梦的检查通过对潜意识欲望的删减或模糊化的方式来形成梦境；而梦的象征是通过用某种社会许可的形象来代

---

①　弗洛伊德. 梦的解析. 北京：作家出版社，1986.

替潜意识欲望，从而形成梦境的过程。弗洛伊德说："我们可以把梦的元素与对梦的解释的固定关系，称之为一种象征的关系，而梦的元素本身就是梦的隐意的象征。"①

象征关系实际上是一种比拟关系，而这种比拟关系常常有着固定的搭配。如皇帝、皇后或其他高贵人物往往是父母的象征；长形之物如手杖、伞、竹竿、蛇等是男性生殖器的象征；箱子、柜子、火炉、洞、船、房间等是女性生殖器的象征；拔牙是手淫的象征；被车碾过是性交的象征；乘车远行是死亡的象征；小动物是儿女的象征；衣服或制服是裸体的象征。

蛇象征着男性生殖器

弗洛伊德特别地强调，梦中大多数形象都是性的象征。

弗洛伊德关于性的象征物的描述

男性生殖器在梦中有各种不同的象征，就大多数说，其比拟所根据的共同观念是容易明白的。第一，神圣的

---

① ［奥］西格蒙德·弗洛伊德. 精神分析引论. 北京：商务印书馆，1999.

数目三是整个男性生殖器的象征。其更重要更为两性所注意的部分——阳具——其象征可以是长形直竖之物如手杖、伞、竹竿、树干等；也可以是有穿刺性和伤害性的物体——即种种利器：如小刀、匕首、枪、矛、军刀等。也可以是种种火器：如枪炮、手枪及左轮手枪等，后面这些东西以其形似，是很妥适的象征。少女在焦虑的梦中，往往被佩刀或佩来复枪者所追逐。这也许是最常见的梦了，此种象征，连你自己都不难解释。有时男性生殖器以水所流出之物象征，如：水龙头、水壶或泉水；有时则以可拉长之物为象征：如有滑轮可拉的灯，及自由伸缩的铅笔等。其他如铅笔、笔杆、指甲锉刀、铁锤及其他器具等也显然是男性的象征。这些意义也都是不难明白的。

阳具因为有违反地心吸力高举直竖的特性，所以也用气球、飞机，近时且用齐柏林飞船为象征。但是梦见高举还有另一种有关勃起的更有力的象征；它使生殖器成为整个人的主要部分，于是梦者便自己起飞了。梦中高飞是大家所熟悉的，有时也非常美丽，现在若将这种梦解释为性兴奋的梦或阳举的梦，你们听了可不要大惊小怪。有一个精神分析研究家费德恩曾证明这个解释的可靠性；而以精明著称的沃尔德曾以臂和腿的不自然姿势进行实验，他的理论和精神分析大不相同（也许他不知道精神分析的存在），但他的研究也得出了同样的结论。你们不要因为妇女也可梦见高飞，就来驳斥我们的学说；要知道梦的目的在于满足欲望；而妇女往往于不知不觉间有想成为男子的欲望。而且你们若熟悉解剖学，就不至于假定女人不能有和男子相同的感觉而实现这个欲望，因为女子生殖器有和阳具相同的一个小的部分叫阴核，在儿童期及在性交之前确和阳具占有同样的地位。

有些男性的象征如爬虫和鱼，尤其是蛇作为著名的象征，则较难领会。更难理解的是帽子和外套为什么也可作此种象征，但其象征的意义是不成问题的。至于手脚代表男性生殖器是否也可名为象征则不无可疑。但由其和鞋袜手套的关系看来，实不得不视为象征之一。

女性生殖器则以一切有空间性和容纳性的事物为其象征，例如坑和穴，罐和瓶，各种大箱小盒及橱柜、保险箱，口袋等。船艇也属于此类。有许多象征是指子宫，而不是指其他生殖器官：例如碗柜，火炉，尤其是房间。房间的象征在此和房屋的象征相关联，而门户则代表阴户。各种材料如木和纸及其制造品如桌和书等也是妇人的象征。就动物界说，蜗牛及蚌肯定是女性的象征；就身体各部分说，则嘴代表阴户；就建筑物说，则教堂，小礼堂都是妇女的象征。你们知道对所有这些象征的理解的难易，是各不相同的。

乳房也属于性的器官。女性的乳房及臀部都以苹果、桃子及一般水果为其象征。两性的阴毛在梦里则为森林、丛竹。女性器官的繁复部位则常比喻为有岩石，有树，有水的风景；而男性器官的构造则往往象征为各种复杂而难以描述的机器。

女性生殖器还有一个可注意的象征，那就是珠宝盒。而"珍珠"、"宝贝"在梦里也可代表爱人，糖果常用来象征性交的快感。由自己生殖器而得到的满足则以各种游戏为喻，例如弹钢琴。手淫则以滑动、溜动及折技为喻，都是很典型的。尤可注意的是，手淫的象征是掉牙或拔牙，其要义是指以宫刑为手淫的惩戒。至于性交的特殊象征则不如我们所期望的那么多，但在此也可举出如跳舞、骑马、登山等有节奏的活动，又如受暴力的待遇，如为马蹄所践踏及为武器所威胁等。

你们可不要以为这些象征的用途和解释都很简单，其实，在各方面所遇见的都往往出人意料之外。譬如，使人难以置信的是，两性所用的象征常可互相交换。有许多象征可兼用来代表男性和女性：例如小宝宝、小男孩，或小女孩。有时男性的象征也可用以指女生殖器，而女性的象征也可用以指男生殖器。这是不易了解的，除非我们已略知人类对于性的概念的发展。就有些例子而言，这种象征似乎模棱两可，而实则不然；最显著的如武器、口袋、橱柜等则永为单性，不是两性可以互用的。①

6. 哲学与宗教思想

弗洛伊德是继康德（Immanuel Kant）之后又一个从多个角度对人类精神进行剖析的探索者。他曾经说过："自从开始撰写《梦的解析》，精神分析学就已经不再是一门纯医学的科学了。从它在德国出现，到露面于法国这段时间中，精神分析学被大量应用到文学和美学、宗教史、史前史、

---

① ［奥］弗洛伊德. 精神分析引论. 北京：商务印书馆，1999.

神话学、民俗学、教育学等各个领域……"①本部分，我们来介绍弗洛伊德的哲学与宗教思想。

弗洛伊德哲学思想的渊源

从思想史的角度来看，弗洛伊德的学说可以追溯到古希腊哲学，苏格拉底、柏拉图、亚里士多德等人的哲学思想对他有过重要影响，如柏拉图和亚里士多德都有着大量关于梦的理论，而柏拉图还特别强调过非理性的重要作用。近代以后，笛卡儿、莱布尼茨、赫尔巴特、黑格尔、叔本华、尼采、费希纳等，这些人类思想史上光彩夺目的名字，都与弗洛伊德的学说有着或多或少的联系。

无意识论本身就是一门哲学

倘若我们从哲学角度来分析弗洛伊德的无意识论，我们发现，它既是一种人格哲学，又是一种文化哲学。

弗洛伊德把无意识的研究引进哲学，试图用科学的方法对无意识的若干哲学问题进行探索，按照他自己独特的方法，阐明了人的整个精神现象的本质、结构和作用，把人的本质归结为以性欲为中心的原始冲动的聚集，并把原始冲动看做是人的一切思想行为、人与人之间各种关系以及整个人类社会的原动力。弗洛伊德继叔本华和尼采之后，建立了又一个非理性主义的人格哲学体系，特别是关于本我、自我、超我的划分与论证，使得他能够在现代哲学界占有一席之地。

弗洛伊德将无意识理论运用于文化和艺术的研究当中，得出了一系列的研究成果，这构成了他的文化哲学。他对

---

① ［奥］弗洛伊德．弗洛伊德自传．上海：上海人民出版社，1987．

文化哲学的研究可以概括为一句话：人类的一切文化创作，不外乎是用不同的方式在实现着自身的力比多冲动。

弗洛伊德的宇宙观

我们可以从三个方面来看待弗洛伊德的宇宙观：

首先是弗洛伊德对宇宙观的界定。弗洛伊德认为，"宇宙观是一种理智的构造物，它以某种凌驾一切的假定为基础，统一地解决我们生存中的所有问题"。按照他的理论，宇宙观就是人们用来解决生存中所有问题的一种理智，一种指南。可以认为，弗洛伊德的宇宙观是凌驾于一切科学观之上的。

其次，弗洛伊德的宇宙观是一种科学的宇宙观。弗洛伊德按照他对宇宙观的界定，认为精神分析作为一门科学，本身不可能建构自己的宇宙观，精神分析应该接受一种科学的宇宙观。

最后是弗洛伊德科学宇宙观的主要内容。弗洛伊德说，科学的宇宙观就是一种科学的思维。什么是科学的思维呢？弗洛伊德认为，与一般思维相比，科学思维的特点主要有以下几个：第一，"它对那些缺乏直接和实在效用的事物颇感兴趣"；第二，"它非常谨慎地避免个人因素和感情的影响"；第三，"它极其严格地审查科学将其结论建筑于其上的那些感官知觉的可靠性"；第四，"它用不可能借助日常手段得到的新知觉来充实自己，并在有意加以调整的实验中把新经验中的决定因素分离出来"；第五，"它孜孜以求达到与现实一致"，即"与存在于我们之外、不依赖于我们的东西取得一致"。①

弗洛伊德的社会文化观

早期的弗洛伊德主要是着手建立和完善精神分析的一般性理论，到了晚期，他把研究兴趣投向了社会历史领域，从而形成了他的社会文化理论。

弗洛伊德在相同意义上使用"文化"（culture）和"文明"（civilization）两个概念。他认为"文明只不过是指人类对自然的防御及人际关系的调整或积累而造成的结果、制度等的总和"。在他看来，人类社会的方方面面都可以纳入到"文化"或"文明"的范畴之内。

在文明的起源问题上，弗洛伊德主张社会契约论（Social Contract Theory），他认为人类文明之所以能够发生，是因为人们在克服自然界各种困难的过程中自愿缔结了相应的契约。他的这一观点是对古代社会契约论思想的一种继承。

弗洛伊德对现代文明的发展抱着一种悲观的态度，对此，我们可以从两个方面来进行理解：

首先，文明是放弃本能满足的结果。

弗洛伊德认为，文明的发展以性本能的压抑为代价，二者存在不可调和的矛盾。这是因为，人类文明的发展与性行为都需要消耗力比多，二者是此消彼长的关系；性爱的排他性会造成人们的分裂，还会使家庭和集体发生冲突，战争也是性爱排他性的衍生物。

按照弗洛伊德的理论，每个人身上都存在攻击性和破

---

① ［奥］弗洛伊德. 文明及其缺憾. 合肥：安徽文艺出版社，1987.

坏性倾向，并且这些倾向在某些个体的身上十分强大，文明为了自身的发展，必然要对这些倾向进行限制。所以，"文明是放弃本能满足的结果，它要求每一个新的社会成员放弃相同的东西"。

弗洛伊德还认为，文明的发展需要少数人对多数人的控制，也就是说，是以牺牲多数人的本能欲望为代价的。他认为，群众往往是懒惰而无知的，群众的行为向来是在本能欲望的盲目控制之下的。所以，文明要想进步，必须依赖少数领袖人物，而领袖人物要有能力去带领群众放弃一部分本能欲望的满足，从而维护社会文明。

在领袖人物的带领下，人们的性本能、攻击本能和破坏本能将受到压抑，其中大部分的能量可以得到升华。于是，人们将注意力由自己的肉体转移到了其他同类的身上，这便使人们之间产生了爱和友谊。爱和友谊可以把相当一部分人聚集在一起，从而增加了集体的凝聚力和生命力。同时，人们只有将攻击本能转化为爱并投射到其他个体身上后，才可以友好相处，这对于攻击本能是一种方便的和相对无害的满足形式。但是，当一个团体内部成员之间的爱逐步膨胀之后，它带来的不良后果之一便是朝向团体之外的仇视和残忍。例如，师徒保罗一旦主张将成员间的爱作为他的基督教会的基础，结果就是对教会以外所有人不宽容；再如，德国人的空前团结，却导致了反犹主义的肆意泛滥。可见，一个团体对内的友善与对外的敌视是相伴而生的，因为其成员的各种本能欲望总要伺机发泄。

其次，现代文明有其难以克服的缺憾。

在弗洛伊德看来，生活在现代文明中的个体是不可能感到幸福的。原因是，文明不仅要求人们牺牲自己的性本能，还要压抑自己的攻击倾向和破坏倾向。换句话说，人们只有不断控制和压抑自己的本能冲动，才有可能在现代文明中安身立命，而这一点埋下了精神病和神经症的种子。当人们对本能冲动的控制超出一定限度时，精神病和神经症就会发生和蔓延。这便是现代文明的缺憾。

在此，弗洛伊德深刻揭示了人类自然属性和社会属性的矛盾，开辟了一个新的角度来考察文明的进步。但是，他把文明的发展和人性本能对立起来，认为文明和本能的矛盾不可调和，这一点是我们不能苟同的。我们认为，文明和本能是对立统一的关系，文明为了自身的发展需要在一定程度上限制本能，但不是否定本能。文明最终要使本能以更高级的方式得到满足，毕竟，文明发展的目的是让人们生活得更幸福。另外，弗洛伊德夸大少数领袖人物的力量，贬低群众的力量，认为群众既懒惰又愚笨，这一点是极为错误的，我们要给以足够的警惕。

弗洛伊德的宗教观

弗洛伊德出生于犹太教家庭，一生不信仰任何宗教，但是，他对宗教问题是极为关注的。一生中，弗洛伊德共完成三部论述宗教现象的长篇著作，分别是《图腾与禁忌》（*Totem and Taboo*，1913）、《幻想的未来》（*The Future of an Illusion*，1927）、《摩西和一神教》（*Moses and Monotheism*，1939），另外，《文明及其缺憾》（*Civilization and Its Discontents*，1929）的前半部也论述了有关宗教的问题。为何弗洛伊德如此关注宗教问题？我们认为，这和他早年受到两种宗教的教育有关。

宗教的起源

弗洛伊德将远古时代的图腾制视为人类宗教信仰的萌

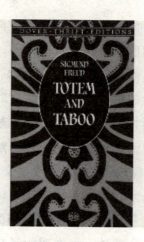

《图腾与禁忌》封面

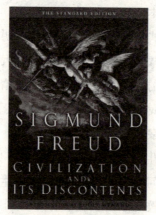

《文明及其缺憾》封面

芽。图腾制下，某种动物会被奉为本族的祖先而加以敬拜。图腾餐是人类最早的敬拜形式之一，氏族在进行图腾餐时，平日被视为神圣不可侵犯的图腾兽，在庄严肃穆的气氛中，当着全氏族成员的面被宰杀、吞食，然后再受到哀悼，哀悼之后则进行盛大的宴乐活动。

根据这些敬拜活动，弗洛伊德产生了一个奇妙的设想。他推测，人们信仰上帝的历史起点源于人类社会的原始群

古代的一些图腾面具

落生活，当时每个原始群落中都有一个年长的男性领导，群落中的所有女性都是他的性伙伴。他有很多儿子，当儿子们成年之后都被他驱逐出本群落，以免发生性竞争，破坏他的性垄断权威。儿子们对这样的父亲既怨恨又恐惧，终于有一天，他们联合起来杀死了独裁的父亲，像原始社会的同类相食者一样，一并分食了他们的父亲。这个初始的弑父行动虽然结束了他们父亲的专制统治，但也产生了其他一些心理问题：后悔感、自责感和负罪感。弑父者们当然憎恨他们的父亲，但他们又爱戴和敬畏自己的父亲。现在虽然他已经死了，但儿子们仍然惧怕他，甚至认为他比生前更有力量，即灵魂脱离肉体后要比被囚禁在肉体中有更大的自由度。于是，他们便产生了讨好父亲的灵魂的想法，这样，他们就确立了必须履行的宗教仪式和约束自己行为的道德律。因此，他们确立了聚餐共饮他们崇拜的图腾动物的野蛮的纪念活动，在活动中，图腾动物自然就成为他们父亲形象的投射。这样，原来那个世俗的、令人恐怖的父亲就被投射到超自然的世界中，成了他们崇拜的神。宗教正是在这个意义上起源的。所以说，男性上帝是建构在作为谋杀者的儿子们的忏悔行为和神化父亲人格的基础之上的。被神化了的父亲人格具有全能、全善、全知等绝对品质，他把孩子们所期待的那种保护提供给一切面对自然和社会灾难而需要安全感的人，这些人自然也就成了上帝的信仰者。

弗洛伊德进一步推测，图腾崇拜乃是俄狄浦斯情结在人类早期历史活动中的表现，宗教就产生于原始图腾崇拜活动之后。图腾既表现出人类在心理上对父亲的恨和认同，又涌现出一种罪恶感，为了减轻这种罪恶感，他们以服从它的方式来请求父亲的饶恕。于是，各种宗教思想便形成了。

上述内容是弗洛伊德有关宗教起源的一个设想。在对无意识与宗教关系进行长期思考之后，他得出了这样的结论：宗教和人类大多数精神疾病一样，都起源于俄狄浦斯情结。这里我们不难看出，在经过复杂的论证之后，弗洛伊德的宗教思想又回到了他的无意识论和性欲论两大理论基石之上。

世界三大宗教简介

基督教是世界上信仰人数最多的宗教，产生时间为一世纪上半叶。基督教形成于亚洲的西部，目前主要集中分布在欧洲、美洲和大洋洲。基督教是以信仰耶稣基督为救世主的宗教。天主教（Roman Catholicism）、新教（Protestant church）、东正教（Eastern Orthodoxy）、基督教马龙派等统称为基督教。目前基督教在全世界有约21.4亿信徒，为拥有信徒最多的宗教，以亚洲、非洲的信徒的发展最快。它的经典是《圣经》。

伊斯兰教是世界性第二大宗教，产生时间为6世纪。

伊斯兰系阿拉伯语音译，原意为"顺从"、"和平"，指顺从和信仰宇宙独一的最高主宰安拉及其意志，以求得两世的和平与安宁。信奉伊斯兰教的人统称为"穆斯林"（Muslim，意为"顺从者"）。7世纪初兴起于阿拉伯半岛，由麦加人穆罕默德所创传。主要传播于亚洲、非洲，其中以西亚、北非、中亚、南亚次大陆和东南亚最为盛行。它的经典是《古兰经》。

佛教是世界第三大宗教，创始于公元前6世纪的古印度，创始人为乔达摩·悉达多。佛教后来传入亚洲其他地区，现在主要分布在亚洲东部和东南部。广义地说，佛教是一种宗教，包括它的经典、仪式、习惯、教团的组织等等。但佛教在世界各大宗教和思想之中，显得非常特殊。凡是宗教，无不信奉神的创造及神的主宰，佛教却是彻底的无神论者。因此，佛教似宗教而又非宗教，类哲学而又非哲学，通科学而又非科学，这是佛教的最大特色。狭义地说，它就是佛所说的言教，如果用佛教固有的术语来说，应当叫做佛法（Buddha Dharma）。也可以说，佛教就是佛让人们止恶扬善、自净其意的教法、是佛陀的教育。它的经典有许多，自古以来，佛教最重视的佛经是《华严经》，称为经中之王。

总之，在弗洛伊德看来，宗教具有它从中产生的那个时期即"人类童年的无知时期"的特征。只有联系人类社会的"童年状况"，从父子关系的角度着眼，才能把握宗教的社会职能，从而理解宗教的本质。

宗教的社会职能

宗教具有哪些社会职能呢？弗洛伊德认为，宗教担当了父亲的角色，具体来说，具有三种社会职能：教训、安慰和戒律。第一种职能是教训。宗教为人们提供了大到宇宙起源、小到生活作息的全面知识，宗教所尊奉的经典著作往往具有类似于百科全书的作用，如基督教的《圣经》和伊斯兰教的《古兰经》。第二种职能是安慰。宗教排除了人们对危险灾难的畏惧，承诺人们有幸福的结局，带给人们对来生的盼望，安慰人们的不幸。第三种职能是道德的戒律。宗教通过制定各种律法来指导人们的思想和行动，好比父母通过奖惩方法教育儿童一样。如，《圣经》中摩西借上帝的口制定出十条戒律，成为数千年来犹太人社会道德的基础。

宗教与精神疾病的关系

按照弗洛伊德的理论，宗教和精神疾病都起源于俄狄浦斯情结。那么，二者究竟有什么样的关系呢？

弗洛伊德拿强迫性神经症和宗教仪式作对比。他认为，强迫性神经症和宗教仪式从外部看差别很大，但它们内部的精神过程是极为相似的，它们都具有以隐蔽的形式压抑人们的本能欲望的功能。因此，神经症也是一种宗教，它的创立者和信徒都是患者自己；宗教则是广大信徒中间普遍存在的神经症。根据这种解释，宗教成为了人们压制欲望的一种方式，人们各种不被社会允许的欲望在各式各样的宗教活动中得以象征性的满足，这使得人们的内心冲突得到很大程度的化解。这样，宗教客观上可以对信徒起到减少负罪感、化解内心冲突、满足潜意识欲望、改善人际关系等作用。鉴于以上分析，弗洛伊德充分肯定了宗教在人类社会早期阶段存在的必要性，他说，倘若没有宗教，人类社会或许不会延续到现在。

在论及宗教的本质时，弗洛伊德认为，宗教是精神麻醉的一种典型代表。在他看来，随着社会的不断发展，人们必将彻底抛弃这一心灵的麻醉剂。

弗洛伊德出身于犹太教家庭，却终身不信仰任何宗教，根据上述弗洛伊德的宗教理论，我们就能很好地解释这一点。

7. 文学艺术理论

弗洛伊德一生酷爱文学，他精通多国语言，中学时期就开始博览群书，遨游于各种各样的名著之中。据说，弗洛伊德终生保持着良好的阅读习惯，即使病入膏肓之时也不例外。另外，弗洛伊德擅长文笔，他的文章清新自然、优美典雅，他的一部部著作可以充分显示出他在写作方面的非凡造诣。1930 年，弗洛伊德曾经获得"歌德文学奖"①。弗洛伊德在文学上的贡献主要不在于他写作技巧的高超，而在于他将精神分析学的理论融入了文学创作当中。尤其需要指出的是，弗洛伊德从精神分析的角度出发，提出了一套关于文学的新理论。

对于美术，弗洛伊德也不是门外汉。他善于从无意识心理出发，分析一些著名绘画作品的创作手法、创作动机、创作效果以及该作品能够得到大众认可的原因等。

通过对大量文学艺术作品的分析，弗洛伊德认为，文

---

① 歌德文学奖是以德国作家歌德命名，是一项高荣誉的德国文学奖（并不限只有作家才能得奖），最初为一年一度颁奖，后来改为三年一度。

学艺术创作是作者被压抑的无意识欲望的满足。这是他最基本的文艺观。

在谈到文艺作品的创作技巧时，弗洛伊德有他独到的见解。他认为，为了使文学艺术作品更富有戏剧性，更能吸引广大群众，创作者在创作过程中需要最大限度地减少意识的监控作用，以便无意识能够按照它的非理性方式自由运行。文学艺术创作属于非理性的范畴，因为观众在欣赏文学艺术作品时就是非理性的。倘若某个作品完全在理性的控制下进行创作，那么它就更接近科学而不是艺术；观众在欣赏文艺作品时如果完全采用理性的眼光，那么他们就不是在欣赏，而是在进行某种工作，工作是会让人们产生疲倦的。总之，按照弗洛伊德的看法，只有在无意识领域进行的文艺创作和文艺欣赏才是正常的，一旦个体将意识过多地参与进来，文学艺术将不再是它自己。

基于以上分析，弗洛伊德认为，艺术家就像精神病患者，他们从无法满足自己欲望的现实世界退出来，进入一个自己创造出的、虚幻的世界。但是，艺术家又不同于精神病患者，他们能够适时地退出虚幻世界并重新返回现实世界。因此，艺术家的创作活动更像是做梦，创作过程中的艺术家就像梦中的人，创作结束后梦也就醒了。艺术作品和梦境既有相似之处又有很大不同：相似之处是，艺术作品也具有梦那样的调和的性质，因为它们也不得不避免与受压抑的本能冲动发生任何公开的冲突；不同之处是，梦者在梦中是完全以自己为中心的，而艺术作品的作者必须以观众为中心，力争能够引起广大观众的共鸣，唤起并满足观众的无意识愿望，激起观众的美感。弗洛伊德认为，精神分析者所要完成的任务，就是找出艺术家个人的生活经历与其作品之间的内在联系，进而找出他们在创作时的冲动以及所有的思想与动机，也就是说，找出他们与别人共有的那部分心理。每个艺术家作为一个独特的个体，必将有其与众不同的生活经历和心理，但对于这些弗洛伊德并不看重。

为了验证自己的理论，弗洛伊德采用精神分析法对多个文学艺术作品进行了研究，其中包括詹森的《格拉迪瓦》、莎士比亚的《哈姆雷特》、索福克勒斯的《俄狄浦斯王》、达·芬奇的《蒙娜丽莎》和《圣母像》、米开朗基罗的摩西雕像等等。

例如，在分析《俄狄浦斯王》时，弗洛伊德指出，这个古老的悲剧题材之所以能够始终打动观众的心，并不在于它的情节多么引人入胜，或者它反映了人类和命运的征战过程，而在于人们在俄狄浦斯的身上看到了自己的影子。其实每个人的命运都和俄狄浦斯一样的可怜，在我们刚刚出生时，命运就注定我们的第一个性冲动的对象是自己的母亲，而第一个仇恨的对象是自己的父亲，我们的梦使我们更加相信这种说法。俄狄浦斯王弑父娶母就是一种愿望的达成，是人们童年时期愿望的达成，这个愿望使得每个人产生了心灵深处的不安。《俄狄浦斯王》成功的地方就在于它激起了人们心里的不安，进而引起了观众的共鸣。

再如，在看过《哈姆雷特》之后，弗洛伊德说："哈姆雷特能够做所有的事，但却对一个杀掉他的父亲，并且篡其王位、夺其母后的仇人无能为力——那是因为这个仇人所做出的正是他自己已经潜抑良久的童年欲望的实现。于是对仇人的恨意被良心的自遣不安所取代，因为良心告诉

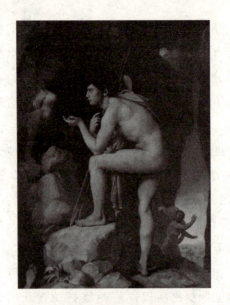

油画《俄狄浦斯王》

他，自己其实比这弑父娶母的凶手好不了多少。"①

　　接下来，我们再看一下弗洛伊德对达·芬奇的名画《蒙娜丽莎》的分析。一直以来，达·芬奇都是弗洛伊德非常敬仰的一位艺术家，在分析《蒙娜丽莎》之前，他就了解了达·芬奇的一段身世：达·芬奇的母亲是一个温柔贤惠、善良淳朴的女性，她在没有结婚以前就生下了达·芬奇，这段时间母亲对达·芬奇的影响至关重要，几年后，父亲终于将达·芬奇母子接入家中，开始了正常的生活。在创作《蒙娜丽莎》这幅画之前不久，达·芬奇遇到一位贾康多夫人，弗洛伊德认为，这位夫人的微笑是如此得与众不同而又似曾相识，再次唤醒了达·芬奇尘封已久的记忆，这个记忆便是被压抑的对母亲的爱，在记忆里，达·

---

①　［奥］弗洛伊德. 梦的解析. 北京：作家出版社，1986：170.

芬奇得到了最大的心灵的满足。于是，达·芬奇拿起画笔，在贾康多夫人微笑的感染之下，在对母亲美好的回忆当中，一幅世界美术史上的巨作诞生了。

达·芬奇的《蒙娜丽莎》

接下来，我们介绍一下弗洛伊德是如何看待文学艺术家的。他将文艺作品看做是梦境，相应地，将文学艺术家看做是梦幻者。他甚至认为，作家就如同精神病患者，作家的创作活动就如同精神病患者的无意识本能活动。在他看来，作家的创作实际上就是把受压抑的无意识冲动释放出来的过程。其实，每个人都在追求本能欲望的满足，与常人相比，文学艺术家只不过是被更强烈的本能欲望所驱使。文学艺术家另一个与众不同之处在于，他们往往非常善于使用自我防御机制中的升华。在现实生活中，文学艺术家强烈的本能欲望往往因受到压抑而不能得到很好的满足，这时，他们就把本能欲望升华为文学艺术的创作。这样的益处是显而易见的，一方面他们的本能欲望得到了发泄，心理系统得到了动态的平衡；另一方面他们的发泄为社会作出了贡献，受到社会的尊重。创作的时候，文学艺术家就像精神病患者一样，完全不顾意识系统的稽查作用，随心所欲地把潜藏于内心的无意识欲望原原本本地挥洒出来，以便达到精神的满足。另外，在创作中，文学艺术家常常把自我分裂为若干个局部的自我，作品中每个主人公都代表着文学艺术家的一个局部的自我，创作完成时，文学艺术家内心的几股冲突之流就在所有主人公身上得到了完全地表露。因此，文学艺术的创作过程其实就是文学艺术家内心生活的外化。

文学艺术家为什么要创造文学艺术作品，普通人为什么要欣赏文学艺术作品，人们从事文学艺术活动的动力来自哪里？弗洛伊德的回答是：性欲和野心。他进一步指出，在年轻女人身上，性欲的愿望占极大的优势；在年轻男人的身上，野心和性欲的愿望是并行的。但就年轻男人来讲，野心和性欲也并不矛盾，弗洛伊德说："在大多数野心的幻想中，我们总可以在这个或那个角落发现一个女子，幻想的创造者为她表演了全部的英雄事迹，并且把他的全部胜利成果都堆放在她的脚下。"①也就是说，男人的野心说到底是满足性欲的野心，他要实现野心是为了实现他目标更高的性欲要求。因此，归根结底，性欲是文学艺术的动力。弗洛伊德的泛性论思想再一次得到了印证。

经上述分析，弗洛伊德进一步指出，随着现代社会文

---

① 引自弗洛伊德的论文《创作家与白日梦》（*Writers and the Daydream*）。

明的进步，人们的本能欲望越来越多地受到了各种法律规范的压抑，人们在物质生活空前丰富的同时，精神生活却陷入了空前的空虚和痛苦当中，这时，作为人类文明的重要形式的文学艺术，就担负起了帮助人们理解人生、珍爱生命、摆脱痛苦、享受幸福的重任。概括起来，人生的痛苦主要有三个来源：躯体的生老病死、自然界的各种灾难、同类的威胁。如何才能摆脱这些痛苦的来源呢？弗洛伊德认为，不外乎理性和非理性两种方法，理性的方法就是通过科学技术的发展来真正摆脱痛苦，非理性的方法就是通过文学艺术使人们的本能冲动在幻想中得以满足。

随着时间的推移，弗洛伊德的文学艺术理论已经成为现代文学界和艺术界的一股强有力的思潮，对西方文学艺术理论产生了经久不息的影响。深受弗洛伊德影响的人群中，既有现代派作家，也有现实主义作家，有人不仅对弗洛伊德的理论进行了研究，而且将他的思想和方法运用于创作实践。今天，精神分析学的文学艺术理论这股思潮，在西方乃至全世界文学艺术界发挥着越来越大的作用。

三、弗洛伊德主要著作导读

1. 早期的主要著作（1895—1913）

《癔症研究》（*Studies on Hysteria*）

本书于 1895 年由弗洛伊德和布洛伊尔合著出版，也可译为《歇斯底里研究》。该书被认为是精神分析学的第一部划时代的著作，奠定了弗洛伊德学说的理论基础，标志着精神分析学的诞生。

《癔症研究》共收入五个病例，布洛伊尔提供了安娜·

奥（Anna O）的病例，其他四个全部由弗洛伊德提供。书中重点探索和揭示了癔症的深层病因，初步分析了人的精神活动的几种状态，提出了精神分析学的基本概念。书中，弗洛伊德发现，在被遗忘的痛苦记忆中，主要是一些个体不能接受的本能欲望和冲动，于是提出了压抑的概念。《癔症研究》还明确指出，各种神经症都是由无意识的性冲动引起的。这部著作成为精神分析学的奠基之作。

《梦的解析》（*Interpretation of Dreams*）

《梦的解析》酝酿于 1895 年，写作开始于 1897 年，出版于 1900 年，弗洛伊德自称该书是他"所有发现中最有价值的部分"。全书共七章，第一章系统回顾了梦的研究历史，其余六章分别对梦的解析方法、梦的实质、梦的化装、梦的材料与来源、梦的工作、梦的心理程序进行了全面阐述。本书中，弗洛伊德创立了完整的关于梦的理论，提出了"梦是愿望的满足"的著名论断。《梦的解析》还指出，愿望的满足须经过压抑、凝缩、移置、象征、润饰等过程才可以实现。该书的伟大之处，并不在于对性的惊世骇俗的探讨，而在于关于梦的新颖而独特的见解，引导人们推开梦的大门，真正走进人类深藏的内心世界，发现潜意识中竟然蕴藏了如此丰富的心理内容和巨大的创造力。

《日常生活中的心理分析》（*The Psychopathology of Everyday Life*）

1904 年出版，集中了当时弗洛伊德进行常态心理分析的主要成果。该书中，弗洛伊德将无意识理论用于考察人们的日常生活，对遗忘、口误、笔误、误置等过失行为进行了具体的分析，探讨了过失行为的心理根源，从中发掘出无意识的作用。书中，弗洛伊德不仅引用了一般人的日常材料，而且依据自己的实际经验进行了研究。之前人们往往把精神分析看得神秘莫测，而该书却写得深入浅出、通俗易懂，每个读者都可以在书中看到自己的影子。因此，该书成为了弗洛伊德诸多著作中最受欢迎和最畅销的一本。一般认为，《日常生活中的心理分析》与《梦的解析》一起构成了精神分析学的基石。

《诙谐及其与无意识的关系》（*Jokes and Their Relation to the Unconscious*）

1905 年出版，这是一部用动力心理学观点探讨笑话、诙谐等日常生活事件发生的潜意识心理机制的著作。书中指出，诙谐具有潜意识性、凝缩性、移植性、短促性和间接表现性等特点，诙谐是能量的突然释放。很多诙谐的评语同样蕴含着某种攻击性的行为，或者蕴含着宗教、性或其他禁忌所不宜公开的语言。因此，诙谐是在潜意识里形成的，诙谐是潜意识欲望的释放和满足。

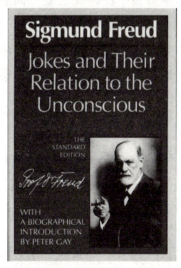

《诙谐及其与无意识的关系》封面

《**性学三论**》（*Three Essays on the Theory of Sexuality*）

1905 年出版，被认为是弗洛伊德著作中除《梦的解析》外最具创造性的书，同时，它也是弗洛伊德著作中最受争议的一本书。该书揭示了性的本质，开辟了人类知识的一个新的领域。该书分为三部分，这是被命名为"性学三论"的原因所在，三部分分别是性变态、幼儿性欲和青春期改变。该书系统地论述了性异常的病理、心理发展过程、性动力论及性动力在人类行为中的表现，阐明了性心理在人类心理活动中的规律，揭示了性动力对无意识心理的决定性作用。

《**图腾与禁忌**》（*Totem and Taboo*）

1913 年出版，是弗洛伊德宗教理论的代表性著作。该书中，弗洛伊德通过澳洲土著人的例子，向人们介绍了存在于原始氏族部落中的各种禁忌、图腾崇拜以及原始宗教和原始文化。他还追溯了这些现象发生的心理根源，从而探索了原始人的心理活动规律，进一步证明了无意识心理在人类历史当中的源远流长。该书中，弗洛伊德还把宗教视为一种精神的麻醉剂，认为随着人类社会的发展，宗教必将趋于消失。

2. 中期的主要著作（1913—1925）

《**精神分析引论**》 （*Introductory Lectures on Psycho-Analysis*）

1917 年出版，在该书中，弗洛伊德以"心理冲突"和"泛性论"观点对日常生活中人们的过失行为、梦及神经症三项专题进行了深入的分析和系统的阐述。在他看来，人们日常生活中的过失现象是有意义的，它是心灵中两种相反的倾向相互牵制而趋调和的心理行动。同样，梦也不是一种神谕或毫无意义的生理现象，而有其背后的"隐意"；梦是遭到压抑的潜意识欲望的变相满足。释梦的工作便是激发梦者的"自由联想"、由梦的"显意"推知其"隐意"的过程。相反，梦的隐意转变为显意的过程叫做"梦的工作"，它包括四种方式：凝缩、移置、象征、润饰。此外，梦还能回溯到童年时期的景物和欲望，成为这些景物和欲望的象征。最后，弗洛伊德分析了神经症。他认为神经症也是两种相反的心理倾向相冲突的结果：其中一方是被压抑的性本能的潜意识欲望，另一方是压抑它的自我本能的理性规范。一旦这种受压抑的性本能欲望被导入意识层面，神经症即可消除，所以消除压抑是治疗精神病的根本途径。特别值得指出的是，弗洛伊德在该书中系统地提出并论证了俄狄浦斯情结。

《超越唯乐原则》（*Beyond The Pleasure Principle*）

1920年出版，该书的主要内容是：人们原先认为决定人的行为的主要动力是唯乐原则，也就是追求快乐和满足，可是，弗洛伊德在研究中发现，除了唯乐原则，还有一条更基本、更符合人的本能的原则，这就是强迫重复原则。这个原则要求人们重复以前的状态，回复到过去。弗洛伊德认为，像人这样的有机体，其初始状态是无机状态，所以强迫重复原则要求人返回到无机状态，也就是走向自我毁灭。他称人身上的这种本能为死的本能。与死的本能相对的便是生的本能，生的本能主要是性本能，还包括自我本能。生的本能是建设性的，死的本能是破坏性的，这便构成了人生命中的一对矛盾，这对矛盾永远伴随生命的始终。这是弗洛伊德对本能论述最为详尽的一部著作。

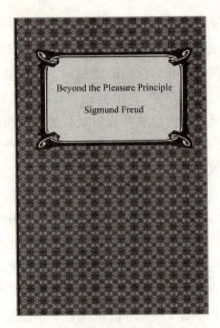

《超越唯乐原则》封面

《集体心理学和自我分析》（*Group Psychology and The Analysis of The Ego*）

1921 年出版，该书主要分析了集体心理学的实质，着重阐释了四个方面的问题。第一，分析了集体心理学中一个特殊的现象：当一个人处于集体中时，他会变得感情用事、责任心下降、良心消失、智力减退，他原来压抑着的本能欲望现在统统得到释放，常会干出一些原本不敢干的事情。第二，深入考察了集体中领袖与成员间的联系。弗洛伊德认为，这种联系的本质在于爱，虽然这种爱不以两性的结合为目的，但本质上它仍属于性本能的表现。第三，探讨了集体中两种类型的爱：一种是其目的未受抑制的爱，即性爱；另一种是其目的受到抑制的爱，如对子女的爱、对朋友的爱，以及对某一抽象观念的爱。弗洛伊德认为，两种类型的爱本质上是一样的，都是性冲动的表现，只不过后一种爱的目的被抑制了。第四，通过对集体中"性冲动"的考察，弗洛伊德认为不仅可以用它来说明癔症患者的反常行为，而且可以用它来解释正常人之间的相互关系。综上所述，本书是弗洛伊德早期性本能理论的进一步推广和扩展。

《自我与本我》（*The Ego and the Id*）

1923 年出版，该书是弗洛伊德无意识论处于鼎盛时期的一部重要著作。在该书中，弗洛伊德对人的心理结构做出了专门的分析，提出了人的心理是由本我、自我和超我三部分构成。本我是最原始的、无意识的心理结构，它由遗传来的本能和欲望构成。自我代表着理性和常识，它的大部分精力用于控制和压抑来自本我的非理性冲动。超我是人类高级的、道德的、超个人的方面，代表着人们内心存在的理想成分，它以良知的形式严格支配着自我。正是在这本书中，弗洛伊德用三部人格结构说代替了早期的二部人格结构说。

3. 晚期的主要著作（1925—1939）

《文明及其缺憾》（*Civilization and Its Discontents*）

1930 年出版，这本书的主线是探讨文明的发展与人的本能之间的矛盾和联系。尽管弗洛伊德对文明与本能关系的看法并非始于本书，但本书却是他的无意识文明观的集中阐发。本书的内容主要包括三个方面。第一，首次把文明发展与人性本能的对抗问题提出来并加以系统地研究。第二，讨论并澄清了内疚感在人类文明发展中的重要作用。第三，阐述了"人在世界中处于什么样的地位"的问题。

本书还对社会文明的本质、起源、作用和弊端等问题做了集中的阐述，其中很多观点在弗洛伊德理论中都占有重要的地位。

《精神分析引论新讲》（*New Introductory Lectures on Psycho-Analysis*）

1932 年在关于精神分析学的演讲稿的基础上成书，本书是弗洛伊德于 1917 年完成《精神分析引论》以后，经过 15 年的研究实践和反思的成果，因此，本书中的许多论点是对《精神分析引论》的修正、补充和发展，这也是在书名中冠以"新讲"的主要含义。本书是弗洛伊德晚年的主要成果研究之一。《精神分析引论新讲》有四个方面的主要内容。第一，关于梦的理论，本书在《梦的解析》和《精神分析引论》的基础上又有新的发展。第二，系统地阐述了自我心理学的一系列问题。第三，设专门章节论述了焦虑与本能生活、女性气质等问题。第四，弗洛伊德在本书中论述了其宇宙观的内容。

《摩西与一神教》（*Moses and Monotheism*）

1939 年出版，是弗洛伊德生前完成的最后一部著作。摩西是犹太民族的第一个先知和民族英雄，他把犹太人从埃及王法老的统治下带领出来，进入现在的巴勒斯坦一带生活。但是，弗洛伊德认为摩西是埃及人，一神教是埃及宗教，并且摩西是被他的犹太同胞所杀，一切荣光应该归于外族。弗洛伊德的这些观点都与犹太民族的《圣经》不符，是对传统犹太教和基督教的极大反叛。本书由三篇论文组成，第一篇论文中，弗洛伊德以精神分析学说探讨了犹太一神教与其创立者摩西之间的关系；第二篇论文探讨了摩西创立一神教后对犹太民族所产生的影响，以及摩西如何以传说的形式在百姓之间广为流传；第三篇论文则主要是对前两篇论文的强调与补充。在本书中，弗洛伊德仍然秉持他对宗教的一贯看法，透过揭示一神教的起源和本质，认为上帝是人类的一种幻想。本书还指出，宗教的本质在于麻醉人的意志。

《摩西与一神教》封面

《精神分析纲要》（*An Outline of Psycho-Analysis*）

本书的写作开始于 1938 年 7 月，后来因弗洛伊德病重而辍笔，是一部未完成的作品。但是，本书在弗洛伊德著作中的地位非常重要，它既是向一般读者介绍精神分析基本原理的指南，又是弗洛伊德终生研究和实验之后，对所获得的理论原则的总结。这本书主要论述了三个问题：第一是精神及其活动；第二是精神分析的实践；第三是精神分析的理论成果。本书在三部人格结构中特别强调了超我的作用，对早期过分强调本我的观点做出了重要修正。可以说，本书是弗洛伊德对自己早期理论的又一次较大幅度的修正和发展。

第四章
弗洛伊德精神分析理论的应用

一、患者临床资料的获得

1. 自由联想

自由联想是弗洛伊德根据催眠法创造出来的一种心理咨询技术，同时也是获得患者临床资料的最主要的途径。自由联想的目的是为了挖掘来访者潜意识中不为人知的东西。通常情况下，咨询师与患者的初始访谈并不使用自由联想，自由联想要在初始访谈之后才可使用。在初始访谈中，咨询师要初步评估患者接受心理治疗的能力，具体来讲，要评估患者是否具有在较退化的自我功能和较高级的自我功能之间进行平衡的能力。其中，较退化的自我功能是进行自由联想所必需的，较高级的自我功能是理解分析干预、回答直接问题并重返现实生活所必需的。

与催眠法所受的种种限制不同，患者在大多数时间都可以进行自由联想，患者可以报告生活中的任何事件，包括梦和过去的一切经历。自由联想是弗洛伊德在获取患者资料时最常用的方法。

2. 释梦

释梦被弗洛伊德看成是理解潜意识的"最佳之路"，梦被看成是潜意识的流露。因此，释梦的方法在寻找患者病因的过程中便被赋予了特殊的意义。关于释梦的详细信息我们在前面的章节已有介绍，这里不再赘述。

3. 对阻抗的处理

什么是阻抗

在心理咨询界，弗洛伊德率先提出了阻抗（resistance）的概念，他认为，阻抗是患者在自由联想的过程中对于那些使他产生焦虑的记忆和认识的压抑。在他看来，阻抗是所有自我防御机制的总和，其功能就是自我用来抗拒和减轻焦虑。阻抗对于精神分析的过程具有重要的意义，咨询师只有对其进行积极的认识与控制，咨询才可以达到预期效果；反之，如果对阻抗不加理会或者处理不当，心理咨询的疗效将会受到严重的干扰。

阻抗重现了患者在过去生活中所使用的防御机制，所有的异常心理都可能是为了达到阻抗这一目的。但是，不论它的根源是什么，阻抗都要通过自我起作用，有时候阻抗可以在某种程度上表现为意识，但是在本质上，阻抗属于无意识的自我执行。

阻抗的表现

阻抗的表现形式多种多样，主要有以下一些。

首先，在患者讲话的频率上，阻抗主要有三种表现形式：沉默、寡语和赘言。沉默是指患者拒绝回答咨询师提出的问题，这种阻抗最为常见。寡语是指患者通常以单词、短语或简单句来回答咨询师的提问，同时在神态上流露出对咨询师的疏远或敌对。赘言是指患者在接受咨询时滔滔不绝地讲话，不给咨询师发表意见的机会。

其次，在讲话的内容上，阻抗可以表现为理论交谈、情绪发泄、谈论小事和假提问题等。理论交谈是指患者竭力用心理学或医学上的术语和咨询师交谈，借以回避谈论自己的疾病。情绪发泄是指患者对于某些谈话问题表现出强烈的情绪反应，以便吸引咨询师的注意，进而主宰整个咨询的进程。谈论小事是指患者对咨询者某些无关紧要的小事表现出极大的兴趣并谈论不休，其目的在于回避核心问题，转移咨询师的注意。假提问题是指患者通过向咨询师提出表面上适宜但实际上毫无意义的问题来回避谈论某一问题。

最后，在咨询关系上，阻抗可以表现为不履行咨询约定、诱惑咨询师以及请客送礼等。不履行咨询约定包括患者不按时赴约、不认真对待咨询师安排的作业、不付或延付费用等。诱惑咨询师是指患者通过奇异的言行、衣着等来影响咨询师的工作，进而阻碍咨询的顺利进行。请客送礼也可以表示患者的某种自我防御需要及其想要控制与咨询关系的欲望。

阻抗的应对

当咨询师觉察到来自来访者的精神防御性阻抗时，应首先检查自己在咨询过程中的做法是否得当，是否只注意倾听而没能做到恰当的反应，是否过早地就来访者提出的问题给予解释，倾听的过程中是否缺乏关注的态度等。如果咨询师感到自己在咨询过程中的应对不够妥当，应及时纠正，特别要注意与来访者建立良好的关系。我们在考虑来访者之所以产生阻抗的原因时，首先需要觉察到来访者的阻抗，在此基础上与来访者一起探讨阻抗的原因，有时还应该坦率地交换意见和认识。

一般来说，咨询师应按照以下步骤来应对阻抗。首先，咨询师要通过自己和蔼可亲的表情和关怀备至的语言使患者解除戒备心理；其次，咨询师要通过有理有据的分析和准确无误的诊断来建立自己在患者眼中的威信；最后，咨询师应实事求是地将自己觉察到的阻抗告知患者，共同探讨阻抗产生的原因并力争给予克服。

4. 对移情的处理

移情（transference）是指在以催眠疗法和自由联想法为主体的精神分析过程中，来访者对咨询师产生的一种强烈的情感。形成移情的基础是来访者在幼儿期与双亲或其他关键人物之间存在着未能处理妥当的问题，来访者把自己的某种情结直接转向了咨询师。弗洛伊德将人们这种回归倾向与人的自我防御和恋母情结联系在一起。他认为，移情是患者在恋母过程中未得到充分解决的心理冲突在精神分析场合下的重现。在精神分析过程中，通常把移情分为正移情和负移情两种。

正移情是指患者把咨询师当做过去生活中诸如父母般的重要人物，于是他们对咨询师产生了强烈的感情，表现出友好、爱慕甚至对异性咨询师表现出性爱的成分。倘若属于这类情况，那么患者将会在病情好转的情况下，来诊所的次数却越来越多，特别是对咨询师的私人生活显露出莫大的兴趣。负移情是指患者把咨询师视为过去生活中某个曾给他带来挫折和痛苦的人物，于是原有的负面情绪转移到了咨询师身上，对咨询师的任何建议都表现出拒绝甚至对抗。

移情现象在心理咨询和治疗的过程中是非常普遍的。

例如，在精神分析理论形成的初期，有一个著名的病例，患者化名为安娜·奥，此病例最初是由布洛伊尔进行治疗的。布洛伊尔是一位技术相当高超的医生，在他为安娜·奥治疗一段时间后，安娜·奥的病情迅速减轻。然而，有一次，在治疗过程中，当安娜·奥从催眠状态苏醒时，她语气坚定地说，她怀上了布洛伊尔医生的孩子。这时布洛伊尔才意识到，原来他的这位女病人把对父亲的矛盾心理转嫁到了自己的身上。于是，布洛伊尔将安娜·奥转介给了弗洛伊德，他自己则带着妻子去远方二度蜜月，反思他诊疗中存在的问题。弗洛伊德在治疗安娜·奥的过程中，也遇到了类似的情况。有一天，这位女病人突然一下子搂住弗洛伊德的脖子，害得他急忙呼喊女仆和妻子出来解围。作为一个把事业看得比生命更重要的医生，弗洛伊德没有像布洛伊尔一样逃避这位女患者，而是继续为她精心治疗，直到数年后她完全康复为止。

弗洛伊德认为，医生应该接受患者的移情，这是治疗得以成功的必要条件，因为移情本身就是患者病情的一部分。倘若医生对移情进行拒绝和逃避（这被称为"反移情"），就会使医生的前期治疗功亏一篑。对于安娜·奥的例子，弗洛伊德认为，正是由于布洛伊尔的反移情，才使得她的病情陡重，拖延了好多年才得以治愈。因此，从治病救人的职业道德出发，医生首先要接受患者的移情，其次要确保自己不陷于其中，接下来医生就要通过自己的治疗策略来帮助病人解脱移情，这样，移情就会成为治疗中的积极因素而最终使病人从中受益。当然，倘若咨询师能够从源头上避免移情的发生，那么咨询和治疗的过程就会省去很多不必要的麻烦。为了达到这一目标，弗洛伊德在

安娜·奥像

自由联想法的使用中采取了两条措施：一是在听病人申诉病因时，坐在病人看不到自己面部表情的地方，或者背对病人，减少和病人面对面的接触时间；二是要求病人必须付费，以便提醒病人，他（她）和医生的关系只不过是医患关系，从而最大限度地避免移情的发生。

咨询师必须学会辨别患者表现出的情感是否属于移情。如果是随着医患双方接触时间的增加，患者对医生表现出应有的尊重、信任甚至依赖，这不属于移情的范畴。只有当患者对医生的感情过于强烈、超出诊治期间所能建立的限度时，医生才可以将其归结为患者早年感情的转移，此时才可以认为移情发生了。

移情是心理咨询中的正常现象，通过对移情的分析，咨询师可以更好地认识患者，更多地了解患者当前心理症状的原因。弗洛伊德认为，研究和分析移情是通往患者无意识心理的又一条途径。所以，咨询师应该把移情视为患者症状的一部分，切勿把移情与患者的个人修养混为一谈。

如果患者对异性咨询师表现出带有性色彩的正移情，咨询师不必过于紧张。咨询师应尽早告诉对方移情的虚幻性，毫不犹豫地引导对方走出移情的雾霭，同时还要帮助患者与自己建立现实的、健康的医患关系。如果有咨询师明知患者移情的危险性却任由其发展，是职业道德所不允许的，最终必将害人害己。对于某些特别难以处理的移情现象，转介给别的咨询师也不失为一个明智的选择。

二、患者临床资料的分析

在经典精神分析中，弗洛伊德使用了大量的治疗程序来减轻患者的病症。其中，分析患者的临床资料是所有治疗程序的基础。如何才能有效地对患者的资料进行分析呢？有效的分析一般包括四个不同的环节。

1. 对质（confrontation）

经典精神分析认为，挖掘患者精神病或神经症症状的原因是整个治疗过程的关键所在。这个原因不仅需要咨询师心中有数，同时也要告诉患者，必须保证疾病原因在患者有意识的自我中是明确的。为了达到这一目的，咨询师和患者经常需要就临床资料中的某一部分进行对质，咨询师凭借自己的专业素养和临床经验，可以对疾病原因进行种种假设，而最终有权验证这些假设的只能是患者本人。同时，咨询师应该鼓励患者直面引起自己心理不适的事物本身，而不要逃避，因为直面困难是治疗心理疾病的第一步。例如，有一名患者自幼受到父亲的虐待，他从来不敢面对自己的父亲，甚至回忆父亲的相貌都会让他心惊胆战，此时，咨询师需要让患者极力想象父亲就站在他面前，只有这样才可能对患者施以各种治疗技术。

2. 澄清（clarification）

澄清是指把要分析的精神现象放在准确焦点的活动。澄清通常和对质合在一起使用，但是澄清的针对性更强。澄清是在对质的基础上，为了使讨论对象更加明确、讨论结果更加突出而采用的一系列治疗技术。例如，对于一个憎恶父亲的男性患者，咨询师需要澄清到底是父亲哪一个方面的特征使得患者不能够很好地认同他。

3. 解释（interpretation）

解释的本质，就是让患者潜意识中的创伤性事件进入意识。弗洛伊德假设，精神病的病因往往是患者不愿接受的一些事件，这些事件被压抑而进入患者的潜意识，如果咨询师能够让患者潜意识中的病因重新返回意识，那么病人的症状就会立即消失。通过解释，咨询师可以超越精神病的表面现象，进而挖掘出深埋于潜意识中的问题症结。需要注意的是，咨询师对患者精神病心理的解释是否正确，最终需要借助患者本人的回应来认定。解释环节是和澄清环节紧密地交织在一起的，一般来说，澄清可以引出解释，而解释反过来有利于更进一步的澄清。

解释这一环节是精神分析疗法与其他疗法的主要区别。解释是精神分析疗法最重要的工具，其他任何一个环节都是在为解释进行准备活动，其他环节本身也需要被解释。

4. 修通（working through）

修通是指在达到内省以后发生的一组复杂的过程和环

节。修通能够确保引起改变的内省成为可能。修通对于减少患者的阻抗具有举足轻重的作用。修通建立了一种循环运动的过程，在这一过程中，内省、记忆和行为改变互相影响。需要注意的是，修通的一些工作是在治疗之外的时间进行的。修通是整个精神分析疗法中最耗时的部分，这是因为，修通通常需要大量时间去克服阻抗的强大力量，然后才可能建立持久的结构变化。

三、精神分析疗法的不足

1. 疗程长、费用高

弗洛伊德的古典精神分析疗法往往需要漫长的咨询和治疗时间，这一点从他的案例中可以反映出来。弗洛伊德最初创立精神分析理论时，平均每个患者要耗时 1 年以上，每周会面 5 次左右，每次会面 1 个小时左右。例如，患者伊丽莎白被治疗的时间大约为一年；"狼人"每周被诊治六次，治疗持续了四年半。当然，弗洛伊德并非因循守旧之人，少数症状轻微的患者也可能经过短期治疗便得以康复。例如，凯瑟琳（Catherine）是弗洛伊德在一次旅游途中碰到的一位精神紧张的女孩，对她的治疗只花去短短几个小时；弗洛伊德对著名作曲家马勒（Mahler）的治疗同样只用去了几个小时而已。但是，就一般来说，古典精神分析的治疗过程是相当漫长的。需要指出的是，今天我们使用的精神分析疗法往往对古典疗法进行了某些改进，疗程上有所缩短，但与其他非精神分析疗法相比，仍然存在耗时较多的不足。

与疗程长相对的，便是治疗的费用高。据说，弗洛伊德的门诊收费是相当高的，只有当时一些名门望族才敢于问津，所以，弗洛伊德记载的患者往往是一些贵妇人、大小姐或艺术家。从今天的角度来看，精神分析疗法的咨询师一般接受过长期的专业培训，治疗过程属于高强度的脑力劳动，理应得到较高的劳动报酬，收费太低是不合情理的。由于精神分析的疗程一般较长，整个治疗下来，患者往往需要支付一笔庞大的费用。昂贵的收费不可避免地会将一部分患者挡在精神分析的大门之外。

2. 应用范围有一定的限制

弗洛伊德曾经指出，有几类人他是不愿对其进行精神分析的，这几类人包括：首先，咨询师自己的亲人、亲戚、朋友以及其他比较熟悉的患者；其次，不是出于自愿、而是家属生拉硬拽而来治疗的患者；再次，比较严重的精神病患者；最后，精神分裂症以及其他由生理病导致精神异常的患者。

一般来说，精神分析疗法能够应用于各种神经症病人，以及心身疾病的某些症状。对于精神病患者，弗洛伊德认为不太适合于精神分析疗法。但是，其他咨询师中曾经有人将精神分析应用于精神病的治疗，并且取得了可喜的效果。此外，某些经过修正的精神分析疗法增加了对社会文化因素与疾病和症状关系的分析，可以用于解决患者当前迫切要求解决的问题。

长期临床经验证明，那些职务较高、头脑聪明、善于言辞而又颇具财力的人，最能够从精神分析疗法中受益。

3. 咨询效果的评估较困难

长期以来，古典精神分析疗法的效果评估一直是一个备受争议的话题。过去，精神分析的效果评估主要是靠咨询师和患者的主观报告来评定，但是，这两者都未必是可靠的。因为，这样的评估可能会受到社会期望的影响，从而使得评价结果过于乐观；同时，患者的评价很可能仅仅根据其满意度来进行，我们知道，患者满意度高的咨询未必是效果好的咨询（如，人本主义疗法和行为主义疗法相比，前者的患者满意度更高，而后者的效果更好）。这些都使得精神分析疗法的评估效果缺乏较高的客观性和科学性，所以，在评估治疗效果时，我们不能仅仅局限于精神分析疗法内部的评估手段。我们认为，应该从两个方面对精神分析疗法的效果进行评估：一方面，咨询师要参考来访者自己的叙述、判断，毕竟治疗是否有效，来访者最有发言权；另一方面，咨询师还应该借助于一些心理测量手段，如对患者的症状、行为方式、适应机制、人格成熟等方面的测量，这些都可以作为疗效评价的参考指标。相信在引入其他评估机制后，人们一定能对精神分析的疗效做出一个较为全面、准确的评价。

4. 咨询师的培养较为困难

精神分析咨询师与其他咨询师在培养的难度上有着很大的不同。其他咨询师往往只要掌握一门专业技术就基本够用了，如行为主义疗法的咨询师，他们常常使用系统脱敏疗法、放松疗法、森田疗法等，不管是哪一种疗法，都有较为固定的操作模式和注意事项，咨询师只要掌握这些内容，咨询过程就可以进行。精神分析的咨询师则不同，他们常用的技术（如自由联想法、梦的解析法、过失分析法等）都缺少一个明确的操作规范，要想使用精神分析疗法，咨询师必须对潜意识理论、梦论、本能论等进行深刻的理解和全面的把握，只有如此，咨询师才有可能找出患者的病因并给予指导。因此，精神分析咨询师的培养是一个长期而艰辛的过程，一个人如果缺少对心理咨询的巨大热情和对精神分析理论的强烈兴趣，是很难成为精神分析咨询师的。另外，由于精神分析咨询师的培养耗时较多，所以培养费用也较高，一些精神科医生因此放弃了成为精神分析咨询师的想法，这在一定程度上加重了精神分析咨询师短缺的现象。

此外，需要特别指出一点，与使用其他技术的咨询师相比，精神分析咨询师劳动强度更大，更易受到患者负面情绪的感染，所以自身的行业危险性也更大。弗洛伊德在晚年的一篇论文中提到，精神分析咨询师最需要做的工作是分析自己，保持自身的健康，他甚至建议，"每一位咨询师都应该定期的——每隔三年左右，接受一次精神分析"。毕竟，保证自己的健康，既是对自己的负责，也是对患者的负责。

四、精神分析案例精选

1. 古典精神分析案例三则

少女杜拉：嫉妒母亲，伤害自己

杜拉（Dora）是弗洛伊德的著作《少女杜拉的故事》中的主人公。弗洛伊德1900年接诊了这位患者。她18岁，是一个聪明且有教养的城镇姑娘。弗洛伊德曾经对这个病例给予了高度的评价，他在给好友的信中说，"这个病例为我开启了无数智慧之门"。

　　杜拉的父亲是位颇有成就的厂主，婚前由于行为不够检点而患过花柳病。杜拉大约 10 岁的时候，偶然得知父亲曾经得过那种不光彩的病，心理很受打击，并且开始对自己的健康产生担心和焦虑。12 岁时，她患上了偏头痛，不久后又开始咳嗽、呕吐、失音、昏厥等，这些都是癔症的典型症状。杜拉是一位身材修长的漂亮姑娘，一双眼睛发出紫水晶般的光彩，本应天真快乐的她却由于受到疾病的折磨而整日愁眉不展。她与父母的关系逐渐糟糕起来，她开始鄙视母亲，经常和母亲吵架。她的病情越来越重，虽经十几位名医治疗，但毫无减轻之迹象。无奈之后，她在自己的书桌上留下一封遗书，然后用小刀在手腕上划了一下。多亏父亲发现得及时，杜拉才保住了性命。一段时间以后，杜拉突然精神恍惚，并失去了记忆，父亲只好把她送到了弗洛伊德的诊所。

　　经过弗洛伊德耐心而富有技巧的询问，终于了解了杜拉患病的症结所在。原来，杜拉一家曾经与克劳斯夫妇一家交往密切。在杜拉父亲患病时，克劳斯夫人曾细心地照料他，而克劳斯先生则负责照料杜拉。有一次，在外出散步的途中，克劳斯先生公开地对杜拉进行挑逗，杜拉对他进行了强烈的反抗。后来，杜拉将此事告诉了父母，要求父母与克劳斯夫妇断绝来往，不料父母对此事不以为然，杜拉很受伤害。此后，克劳斯先生又有几次向杜拉求欢，都被杜拉拒绝了。

　　可是，不久后，杜拉发现一个令她难以置信但却千真万确的事实，她的父亲与克劳斯夫人有着长期的私通关系。杜拉再一次受到了伤害，这次伤害几乎是致命的，为了弥补感情上的创伤，杜拉开始同克劳斯先生发生不正当性关系，以此作为对克劳斯夫人的报复。

弗洛伊德对杜拉进行了认真的分析，发现杜拉疾病的背后有着严重的心理症，这就是在幼年未解决好的爱列屈拉情结（也称为恋父情结）。由于此情结没有解决好，杜拉对父亲有强烈的依恋，对母亲有强烈的排斥；杜拉嫉妒父亲的情人克劳斯夫人，于是就通过与克劳斯先生发生性关系来报复她。在诸如此类的不正常关系中，受伤害最深的还是杜拉，她的癔症就是在这种错综复杂的关系下形成的。

在杜拉案例中，弗洛伊德进一步证实了以前的研究结论：所有癔症都是无意识欲望的产物，这些欲望大都与性有关，一切心理病都是无意识欲望受到压抑的结果，而这些压抑往往可以追溯到人的童年时代。弗洛伊德循着杜拉的童年生活和她的一些梦，拨开了笼罩在她心灵深处的层层迷雾，终于挖掘出了病根。当无意识中被压抑的欲望返回意识后，杜拉感觉浑身轻松，最终恢复了健康。

歇斯底里症专栏

歇斯底里症（hysteria）又称癔症，是一种古老的疾病。大约两千多年前，古希腊学者认为此病是由子宫位置的移动引起的。歇斯底里症是一种包括各种生理症状的障碍，患者通常表现出盲、聋、不能行走等症状，但这些症状缺乏病理解剖学和病理生理学的基础；该病受暗示性高，症状可因暗示而发生、加重、减轻或消失；并且，大多数患者从他们的症状中获得了继发性益处，如同情、关心、钱财上的帮助等，甚至有些患者的病情可能主要是为残废带来的利益所激发的。对几乎所有的患者，继发性的好处是可使病期延长。歇斯底里症患者发病前多有心理社会刺激，起病急骤。歇斯底里症的治疗主要是引导患者详细讲述与歇斯底里症状发作相关的激发性生活事件，宣泄他们的情感，通过解释使患者明了此病的发生并非由躯体疾病引起，而是心理因素所致，然后用暗示或其他手段进行治疗。

过去，医生往往将很多有着相似症状的疾病误认为是歇斯底里症，当前，随着医学诊断技术的进步，医学界逐渐能够将其他疾病从歇斯底里症中排除出去。有些曾被认为是歇斯底里症的症状，实际上是实实在在的器质性疾病的早期表现。因此，现在大多数医生在将一种疾病诊断为歇斯底里症之前，都需要对病人做最细心的身体检查。

露茜小姐：爱上男主人

露茜（Lucy）小姐是弗洛伊德 1892 年收治的一位女患者，她当年 30 岁，在维也纳郊区一家工厂总经理的家里做家庭教师。露茜小姐患有慢性再发化脓性鼻炎，感到精力差和疲劳，头有沉重感，食欲不振，办事效率低，弗洛伊德把她初步诊断为癔症。露茜小姐还表现出一种特殊的症状，她常常产生主观性嗅觉，这种主观性嗅觉在治疗早期一般表现为"一种烧焦的布丁味"。弗洛伊德对她进行了精心的分析，随着治疗的进行，"烧焦的布丁味"逐渐变成了"雪茄烟的味道"，露茜小姐认为后者其实早就存在，但过去被烧焦的布丁味压倒，当布丁味消失后，这种雪茄烟的味道才冒了出来。

在本案例中，弗洛伊德使用了按压法（自由联想法的前身）对患者进行治疗，他让病人仰卧在躺椅上，放松全身肌肉，闭上眼睛。弗洛伊德把一只手按放在她的前额，叫她注意一个特殊症状，回忆与这个症状有关的经历。告诉她这样可以回忆起每件往事，接下来，露茜小姐把正常状态下意识不到的心理创伤性事件逐个回忆出来。露茜小姐的创伤性事件主要有以下三个（按时间顺序）。

第一个创伤性事件：露茜小姐照顾两个没有母亲的女孩子，在与男主人的相处中她爱上了男主人，憧憬着与男主人进一步接触。可是，有一天男主人严厉地责备了露茜小姐，原因竟然是她没有阻止一位女客人亲吻两个孩子。这使露茜小姐很伤心，她在潜意识中担心，如果将来自己做了男主人的妻子，可能常常会受到他的责备，于是，她对男主人的爱受到了压抑。这是最根本的创伤，它引发了第二个和第三个创伤性事件。

第二个创伤性事件：在第一个创伤性事件过去不久，有一位客人到家中吃午饭，临走时想亲吻两个孩子，结果男主人对这位客人大发雷霆，这使露茜小姐的担心更加严重。当时男主人正在抽烟，于是雪茄烟味成了不良情绪的象征物。

第三个创伤性事件：接下来，露茜小姐想要离开这个家，和她的母亲生活在一起。一天，她收到了母亲的来信，而此时她感受到两个孩子对她的依恋，露茜小姐又犹豫了，两种对立的情感在阅读来信时发生了强烈的冲突。这时候，两个孩子正在做的布丁烧焦了，于是烧焦的布丁味成了不良情绪的新的象征物，它掩盖了雪茄烟味，成为第三个创伤情景。

为什么在创伤性事件中，露茜小姐只是选择了气味作为一种象征物？弗洛伊德认为，正是在那个时候，她的鼻子再次患上严重的伤风，以致不能闻到任何气味，然而当她处于不安状态时，她觉察到了烧焦的布丁味或雪茄烟味，这突破了她器官上嗅觉功能的缺陷。

露茜小姐原本是否认自己对男主人的感情的，通过弗洛伊德对三个创伤性事件的揭示，她终于在意识层面承认了自己对男主人的情感：她爱着男主人。然而，她的感情是注定得不到回报的，这只是一厢情愿罢了！最后，在弗洛伊德的帮助下，她终于放弃幻想，重新回到了真实生活中。

伊丽莎白：爱上二姐夫

1892 年，弗洛伊德治疗了一个化名为伊丽莎白（Elisabeth）的 24 岁的女子，该患者的症状是腿痛、举步困难。据了解，伊丽莎白的家庭刚刚遭遇过一连串的不幸，父亲去世了，母亲连续接受了几次眼科的手术，二姐在身怀第二胎期间因心脏病突发而猝死。

弗洛伊德首先检查了患者的身体状况，但数年后他却建议，心理医生不应该同时兼顾病人的身体疾病，否则他心理治疗的效果将大打折扣。对伊丽莎白进行过身体检查之后，弗洛伊德认为她疼痛的中心位置位于右大腿，但是，当他按照惯例去按压她的疼痛点时，她的面部流露出的似乎更多的是欢快。于是弗洛伊德认为，他的这位女患者一定"另有所思"。

一段时间的生理治疗之后，弗洛伊德对伊丽莎白进行了心理治疗，所用的主要方法是宣泄疗法，也就是自由联想法。治疗中，患者开始畅谈她的一些记忆。伊丽莎白是家里的小女儿，上面有两个姐姐，没有兄弟。她与父亲有很深的感情，父亲常常说她填补了自己无子的遗憾。父亲患有心脏病，她一直守候在父亲的房间进行照顾，直到父亲去世。失去父亲之后，她开始出现腿疼的症状，并逐渐严重到无法走路的地步。真是祸不单行，不久后，伊丽莎白的二姐也因心脏病去世。伊丽莎白的二姐夫勤劳朴实，从此一个人带着孩子艰难度日。

当自由联想法进行到这里的时候，似乎便得不到更多有价值的信息了，因为伊丽莎白坚持认为她把该说的都说了。作为经验丰富的医生，弗洛伊德有着超乎寻常的对细节的觉察能力，他已经预感到了一些东西，只不过证据尚不充分。

一次偶然的机遇使弗洛伊德坚定了自己的猜测。有一次，当弗洛伊德正在对伊丽莎白进行谈话治疗时，候诊室传来了一名男子的说话声，伊丽莎白的脸色骤变，她的腿疼猛然加重。接下来，伊丽莎白起身，请求结束本次治疗，因为她有一些重要的事要做。后来，弗洛伊德了解到，那名男子是患者的二姐夫，这正是他预想中的答案。

之后的治疗中，弗洛伊德不失时机地向患者宣布了她的病因：在潜意识中，她爱上了她的二姐夫，为了压抑这种不道德的念头，她使用了腿疼这种足以欺骗别人也欺骗自己的手段。其实，伊丽莎白爱上二姐夫已经很长时间了，只是当二姐去世后，她看到二姐夫度日艰难，想要和他结婚的念头才逐步强烈起来。这一念头不符合社会的道德准则，令伊丽莎白深感不安，因此，她制造了肉体上的疼痛，而这些只是为了减轻和掩饰心理上的疼痛而已。

对于弗洛伊德宣布的病因，伊丽莎白开始是坚决反对的，并且同时伴有了更为剧烈的腿疼，后经弗洛伊德详细地解释和安慰，她终于接受了这样的结论。之后，她腿疼的症状便逐步消失，并且从来没有反复。

两年后，弗洛伊德得知，伊丽莎白嫁给了一个之前谁也不认识的男子，开始了她崭新的生活。

2. 大学生常见心理问题的分析

本部分，笔者结合自己多年来的心理咨询记录，挑选出一些大学生中具有代表性的心理问题，采用精神分析的理论和技术对其进行解释，以期读者朋友能够更好地认识精神分析与人们生活的紧密联系。以下案例中的人名全部为化名。

为何周围的人都敌视我？

勇生是一名大三的学生，和我交谈时，勇生显得有些紧张，他说，他感觉周围同学都对自己存有敌意，其他同学经常背着自己说悄悄话，那些悄悄话很可能都是朝着他来的，要不不会故意避开他的。我上下打量了一下勇生，他很瘦弱，个子不高，眼神显得怯生生的。经过详细地询问，我了解了这位同学的一些基本情况。

原来，勇生出生于偏远的山区，性格孤僻，自卑感很强。他在高中时期是班上的学习尖子，受到老师的重视和同学的羡慕，由于高考发挥不太好，才来到了现在这所学校。进入大学后，他感觉自己的外部条件样样不如别人，身高和相貌都使他感觉自卑，蹩脚的普通话也常常成为同学的笑料。于是，他下决心把学习搞好，或许只有这一条路能够让他找回自信。接下来的日子里，勇生每天在图书馆和教学楼之间穿梭，同学们逛街、打球或上网的时候，他都是与书本一起度过。但是，一连几个学期，他的成绩仅仅排到了班里的中上游水平，他更加自卑了。一年前，他突然发觉自己在班里是那么的不受欢迎，以至于孤单时没有人能够倾诉，伤心时没有人来安慰。最近两个月，他感觉大家好像都在和自己作对，上周丢了一支钢笔，他怀疑就是有同学故意偷走的。

我分析了勇生的情况后认为，这是一个典型的大学生活适应不良的个案。来访者由原来的尖子生变成了现在的中上游水平，内心难以接受，这使天生敏感的他更加自卑。为什么别人会敌视来访者呢？根据精神分析的自我防御机制理论，我认为，这是勇生自身心理向外的投射。勇生常常把同学当做竞争对手来看待，别人若是比他优秀，他就不舒服，他想要在学习上战胜别人又没有成功。结果，勇生对同学（尤其是优秀的同学）便充满了敌意，然而，敌视同学的想法无疑会使他心中更加不安，于是他便将这样的想法投射到别人身上，认为大家对他有敌意。

我从两个方面给勇生提供了建议。第一，要接受自己某些方面不如别人的现实，不如别人是每一个生命的权利，只有能够享受这个权利你才会幸福。第二，学会用发自内心的爱去爱周围的人，别人是一面镜子，你对他们微笑，你也会看到微笑；爱别人的最大受益者是自己。

勇生按照我的建议去执行，一个学期后随访，他的学习、生活完全恢复了正常，学习成绩也进入了班级的前列。

失恋后我为何食欲大增？

按照一般常识，人在情绪低落时会出现食欲下降的现象。然而有这么一些人，每当他们紧张、焦虑或绝望时，食欲就明显增强，如果长时间不能摆脱这种消极的情绪，可能导致体重的迅速增加。

琳琳是一名大二女生，她向我咨询的问题是，"失恋后我为何食欲大增？"经我的详细询问了解到，琳琳一年前与一名高年级的男生建立了恋爱关系，之后两人度过了几个月的美好时光，可是半年前其男朋友提出了分手，原因是没有共同语言。琳琳是一个坚强的学生，她没有表现出一个女孩失恋后应有的情绪低落，可是没有人了解她内心的苦楚。不久后，她发现自己的饭量增加了，更加难以解释的是，明明感觉腹内已经很饱，却仍然不断地往嘴里放食物。这几天，她的胃肠感觉不适，可能是吃东西太多的原因。

我采用弗洛伊德的自我防御机制对琳琳进行了分析。失恋后出现情绪低落甚至悲痛欲绝是完全正常的表现，这对失恋者保持心理平衡有着积极的意义，琳琳由于自己坚强的个性，便将失恋带来的伤痛全部压抑到潜意识，因此，这些负面情绪无法得到宣泄。然而，被压抑的情绪并没有消失，它们会寻找机会来表现自己，它们也许表现在梦中，也许表现在生活的过失中，也许表现在自我防御机制中。本案例中，琳琳被压抑的情绪表现在自我防御机制中，具体说，是通过退行得以表现。按照弗洛伊德的心理性欲发展理论，个体在0～1岁时，身体的兴奋中心位于口唇，只有通过口唇的活动才能获得快感。琳琳由于受到巨大打击，负面情绪无法发泄，其人格便出现了临时性的退行，口唇再次成为她发泄负面情绪和获得快乐的区域，便出现了非理性的食欲增强。

我对琳琳的建议为，要学会发泄内心的负面情绪，任何正常范围内的情绪表现都是人体自我保护功能的实现方式；多参加集体活动，既能锻炼身体，又有助于负面情绪的进一步发泄。一个月后随访，琳琳已经摆脱了食欲增强的困扰。

我是同性恋吗？

志强是一名大四的男生，看着室友大学期间纷纷坠入爱河，他感觉自己也该谈恋爱了。志强的身边不乏优秀女孩儿，但是他有一个难言之隐：他对男孩就像对女孩一样有兴趣。他感觉很自卑，担心自己是同性恋，于是前来咨询。

按照弗洛伊德的观点，每个人都有异性恋和同性恋两种性取向，二者之间并非泾渭分明。婴儿出生后，最早的偶像是自己的同性父母，从而建立认同原则，即部分行为特点有了自己同性父母的痕迹。当个体成长到 3 岁以后，该心理则被俄狄浦斯情结（即恋母情结）所代替。此时儿童的心理，逐渐转为对异性父母的爱慕，而同性父母则逐渐变成自己与异性父母之间的障碍。因此，这个阶段的儿童对同性父母怀有一种敌对的情感，而对异性父母则更多的是爱慕。随着年龄的增长（此处以男孩为例），男孩逐步明白对母亲的爱慕是没有结果的。此时，一般会发生两种心理：第一种是恋爱对象的转移，男孩会将对母亲的爱慕转移成对自己恋爱对象的爱慕，同时重新建立对父亲的认同，这种情况下男孩将发展为异性恋；第二种则是对象的自我映射，男孩将母亲的形象映射到自身，这样就会在性格的某些方面具备母亲的特征，渴望像母亲那样得到男性的爱，这种情况下男孩将成为同性恋。

本案例中，志强并非同性恋，而是双性恋。弗洛伊德认为，双性恋者在人群中的比例是相当高的，绝大多数双性恋者都可以建立正常的婚姻和家庭生活。我向志强介绍过相关心理学知识后，他的表情明显轻松了，他不必再担心自己是否是真正的男性了。鉴于异性交往较少，我建议他适当增加同女生的交往，相信他在交往中一定能更好地认识自己。

做这样的梦正常吗？

卫刚，男，19岁，大学二年级学生。该生平时性格内向，不善与人交往，从没有和哪一个女孩子特别亲近过。然而不久前他做了一个梦，梦中居然和别人发生了性关系。醒后他愧疚不已，好像自己犯下了滔天大罪，无颜面对他人。另卫刚更加担心的是，那天以后他每隔几天就要做一次性梦，性对象有时是陌生人，有时竟然是自己班上的女同学。从此，强烈的罪恶感使他不能安心学习，他担心自己要变成性犯罪分子，有时还怀疑自己是不是得了精神病。对梦的恐惧使他不敢入睡，讲不出口，又忘不掉，万般苦闷中他走进咨询室。

我采用弗洛伊德的释梦理论对卫刚的"罪恶"进行了分析。性梦常常发生于青春期大学生身上，因为随着生理的成熟，性意识会自然而然得到唤醒，由于社会道德的约束，大学生性欲无法得到正常的表现和满足，它便进入个体的潜意识，这样有利于个体心理的平衡。然而，当个体进入睡眠状态时，身处潜意识的性欲会在梦中寻求表现，按照弗洛伊德的定义，"梦是潜意识愿望的达成"，因此，性梦的出现便成为一种正常的生理和心理现象。并且，只要不是过于频繁，性梦对个体的心理健康是有着积极意义的。我们还可以推而广之，任何梦境都是人类保持自身健康的必要手段，当然，梦境有时也会成为人体疾病的预警系统。

有时候，梦中的性欲对象会是自己熟悉的异性，这一点大可不必在意。按照弗洛伊德的理论，梦中的人物往往是另外某些人物的替身，性梦中，个体常常选择自己的同学、朋友甚至亲人作为性欲对象，这与个体的真实意图并无必然联系，不应成为个体的心理负担。

卫刚在听取我的上述解释之后，顿时表现出如释重负的样子，从他的表情里可以看出他的喜悦与兴奋。一个月后通过电话对卫刚进行随访，他的学习生活已经恢复了正常。

我为何喜欢虐待家里的宠物？

安雅是一名大学二年级的女生，她对心理咨询师讲的第一句话就是："我为什么喜欢虐待家里的宠物？"安雅的家位于这所大学所在的城市，她每周都要回家两次以上。据她介绍，她原来非常喜欢小动物，正是在她的建议下，家里养了小狗和小猫。但是，几个月以来她常常虐待家里的宠物，每次回家后，她就产生一种想要踢打小狗和小猫的冲动，不这样做就会心里不舒服。为此，安雅很苦恼，怀疑自己是否成了施虐狂。

我的分析如下，安雅由原来喜欢小动物变为现在虐待小动物，一定有深层次的原因。按照弗洛伊德的理论，当个体的某种驱力无法向原来的对象发泄时，它就会转而选择其他的对象进行发泄。本案例中，小狗和小猫很可能就是安雅不良情绪的替罪羊。

到底是什么导致安雅的不良情绪呢？经详细询问，原来她在学校面临人际关系上的强大压力。首先，她和几个室友的关系非常糟糕，原因是她喜欢熬夜上网查资料，而室友们都习惯于早点休息，大家认为她影响了别人的休息，对她态度很冷淡。其次，男朋友认为和她的性格不合，几个月前提出了分手，她费尽周折但还是无法改变男朋友的决定。人际关系不良和失恋都给安雅带来大量的不良情绪，这些不良情绪又不能向源头（室友和男朋友）发泄，于是，安雅便将它们发泄到了更为安全的对象（宠物）身上。由此可见，虐待宠物实际上是安雅在潜意识中寻求心理平衡的一种方式。治疗身体疾病时讲究对症下药，心理问题的解除同样如此，我们只有从源头上改善安雅的人际关系并帮助其走出失恋的阴影，她虐待宠物的行为才能得到矫正。

安雅得知自己不良行为的原因后，表现出配合治疗的决心和信心。我让她为自己制定科学的作息时间，积极参加班级和宿舍的集体活动，和更多的异性朋友建立正常的交往，她都牢牢记下了。一段时间后，安雅再次来到咨询室，她说她现在的学习和生活都很好，非常感谢我曾经对她的帮助。

我为何喜欢已婚的男性？

方方是大学四年级的一名女生，23岁，因恋爱问题而走进咨询室。大学四年间，由于她个人条件较好，身边不乏追求者，她也有过几次恋爱经历，但都很快结束了。内心深处，她喜欢已婚的男子，虽然她知道那不现实，但就是控制不住自己。她尝试着接受班里那些公认的才子，可最后均以失败告终。看着同学们都已经出双入对，她非常伤心，最终认为自己得了某种严重的心理疾病。

经询问得知，方方的父亲在她12岁时去世了，失去父亲曾使她一度痛不欲生。此时，一位新的班主任填补了她心灵中缺失的那一方空间，这位班主任30来岁，常常拉着她的手对她进行安慰和鼓励，使她最终走出了失去父亲的阴影，学习成绩不但没有下降，反而有了大幅度的提高。这本属正常的师生关系，却在方方的内心留下了特殊的烙印，以至于方方在以后的恋爱中，总是拿恋爱对象与那位班主任相对比，所有恋爱对象都缺少班主任那种成熟男人的魅力，结果，每一次恋爱都很快就结束了。

按照弗洛伊德的理论，方方恋爱中的问题乃是恋父情结在作祟。恋父情结是指，一个女孩在成长过程中，始终无法与父亲实现心理分离，结果，与同龄男性的正常交往乃至婚恋常常会受到负面影响。这样的女孩总在有意无意寻找父亲式的恋人，但即使找到了，相处也会成为问题，因为恋父的女孩性格大多内向、娇气、任性，而且往往出现性的阻抗。

另外，过早失去父爱的女孩，常常会将对父亲的感情转移到现实中某个人物的身上，这个人物便会成为父亲的替代品。但他又不同于父亲，在父亲的光环效应下，"他"的形象往往更加高大起来，成为无可替代的"情圣"，供奉在女孩记忆的深处。这无疑会使以后的恋爱对象相形见绌。

在被告知以上理论后，方方心理的压力减轻了很多，脸上显现出难得的轻松。接下来，我又给她布置了三道作业题：

第一，将父亲还给母亲。要知道，"恋父情结"并非见不得人的事情，它只是说明我们在心理上依恋父亲的时间比一般人更长一些、程度比一般人更深一些罢了。个体只有成功地经历"心理断乳"，才可能真正走向成熟。

第二，将老师还给历史。青春期女孩对老师的"爱"，并非真正意义的爱情，因为此时的她们需要一个成熟的异性来充当自己崇拜的对象，而年轻的男老师自然是"近水楼台"。其实，只要她们能够勇敢前行，放下孩子气的迷恋，就一定能够收获成熟的爱情。

第三，让爱做主。摆脱了早期不成熟的爱，个体要学会接受现实中不完美的爱情。能够领略爱的美妙的人，首先必须是一个接受不完美、愿意冒险并且能够为爱负责的人。恋爱中，个体必须能够解开心中的"情结"，让爱做主，引领自己的身心到达快乐和幸福的彼岸。彼岸有多远并不重要，因为风景其实早在旅途中。

方方欣然接受了这三道作业题并表示一定要完成它们。从她的表情中，我相信一段时间以后，她一定能够像其他女孩一样开始自己幸福的爱情。衷心祝福她！

为何我对女友要求苛刻？

正阳是一名即将毕业的大四男生，他长相英俊，成绩优异，在别人眼中，他的整个大学生活应该过得春风得意。可是，正阳有着他自己的苦恼，这种苦恼无处倾诉。

正阳大学期间共谈过三次恋爱，每次恋爱都有着美好的前奏。可是，双方一旦确立恋爱关系后，他便向对方提出一系列苛刻的要求，比如怎样着装、怎样说话等，以至对方感到很累，最终不得不寻找理由提出了分手。每次女朋友的离开，都会给正阳带来巨大的打击。他也知道失恋的原因，就是自己给对方提出的要求太高了，但是，他总是身不由己地想对女朋友苛刻一些，这究竟是怎么回事？

正阳的最近一次失恋发生于半个月前，这次给他带来的打击更大，因为，他的母亲要求他大学期间必须找到一个女朋友，现在马上就要毕业，怎样向母亲解释呢？正阳非常苦恼，无法休息、无法学习，几乎到了精神崩溃的边缘。在两位室友的陪同下，他走进了心理咨询室。

在我的详细询问下，正阳说出了他的一些重要的成长经历。

正阳出生于一个普通工人的家庭，父母关系很糟，在他三岁的时候，父母离婚了。以后，正阳和母亲一起生活。正阳的母亲是一个非常能干、非常要强的女性，虽然家中没有男人，但正阳的物质生活没有受到明显的影响，母亲给他买的学习用具往往比同学们的更好。大约8年前，由于单位效益不好，正阳的母亲下岗了，之后她摆起了地摊，每天早出晚归、顶风冒雪。虽然母亲每天累得腰酸腿疼，但当她看到儿子一天天长大时，心中便充满自豪。母亲对正阳的关心可谓无微不至，但是，如果正阳不小心犯下了错误，不管错误是否严重，母亲都会给以严厉地批评。正阳是个懂事的孩子，他能够深深体会到母亲养活自己的辛劳，所以对母亲非常尊敬，母亲的话他言听计从，从不冒犯。

了解了正阳的经历后，我心中便有了数。正阳的父母离婚时，他的年龄还很小，他主观地认为婚姻都是不可靠的、会给人带来伤害。正阳有一个好强的母亲，她虽然给正阳提供了一个良好的物质环境，但在很大程度上限制了儿子个性的全面发展，正阳很小的时候就有了这样的想法：女人都是不可驾驭的。随着正阳年龄的增长，父母离婚的事和女人不可驾驭的观念逐渐进入了他的潜意识。按照弗洛伊德的理论，潜意识是意识的推动力，正阳由于受到早年生活的影响，他在潜意识中根本就不想谈恋爱，他一次次的恋爱经历完全是在应付母亲的要求。由于不想恋爱和结婚，所以他要制造种种借口来使得已经建立起来的恋爱关系遭到破坏，于是，对女方要求苛刻成了一种行之有效的手段，借助这样的手段，一次次的恋爱最终灰飞烟灭。既然正阳潜意识中渴望恋爱的灭亡，那么为什么他会因失恋而伤心呢？这同样是潜意识在作祟。一方面，失恋后的伤心甚至悲痛欲绝是证明自己确实恋爱过的一种方式；另一方面，倘若因为失恋而使得自己患上精神病，那么母亲就不会再强迫他恋爱了。因此，正阳的恋爱、对女方提出高要求、失恋、痛苦这一系列的环节，都是他自编自演的一场闹剧，而编制闹剧的动机就是让母亲相信自己是不适合谈恋爱的，从而实现自己永远不再恋爱的目的。而这一切，都发生在正阳的潜意识里，在意识层面，他无意欺骗任何人，他的痛苦也是实实在在的。

当我把这些告诉正阳后，他先是出现长时间的沉默，然后吃惊地盯着我，肯定了上述分析的正确性。

接下来，我对正阳提出了一些建议。第一，要从父母离婚所带来的阴影中走出来，观察周围人群成功的婚姻生活，培养自己对婚姻生活的信心。第二，正确看待自己的母亲，既要肯定她为自己所做出的一切牺牲，又要摆脱任何事情由她包办的局面，培养自己的独立生活能力和决策能力。第三，正确看待异性，摆脱"女性都是不可驾驭的"这样的想法，恋爱双方不是谁驾驭谁的问题，而是要相互尊重、相互谦让、相互爱慕。

现在，正阳已经毕业，在另一个城市当了一名教师，我有时会想起他，但一直没有他的消息。祝他早日建立正常的恋爱和婚姻生活！

第五章　对弗洛伊德理论的评价

席勒（Friedrich Schiller）说："一部世界史就是一部世界判断史。"同样，一部精神分析史就是一部精神分析批判史。随着弗洛伊德影响的扩大，对他的赞扬和批判也接踵而至。有人集中火力对他进行人格攻击，有人就他的理论展开激烈的哲学争论，亦有人苦心孤诣地去验证他的理论的正确性。时至今日，随着历史的沉淀，浮躁和功利等心态渐渐埋进了历史的谷底，留下的更多是真理，人们对于弗洛伊德理论的认识逐渐趋于成熟、客观和理性。

关于弗洛伊德本人，我国著名心理学史专家高觉敷教授指出，他与哥白尼、达尔文齐名。美国著名心理史专家波林教授说，在心理学史中至少有四个很伟大的人物，他们是达尔文、赫尔姆霍茨、詹姆士和弗洛伊德。从弗洛伊德的一生来看，我们应该公正地承认，他是一个精力充沛的、富有进取心的人，

美国心理学家波林

是一个专心致志于研究工作的人，是一个敏锐的观察者，是一个大胆的、独创的思想家，是一个科学研究上的拓荒者，是一个人类心灵深处的探险者。他不顾世人的冷嘲热讽，孜孜不倦地钻研几十年，而且甘受冷遇，从不泄气，到处宣传，直到生命的最后一刻。至少，他的这种精神是

值得钦佩的。但是，我们不得不承认，由于弗洛伊德的研究对象、研究方法、理论基础等都存在一定的问题，导致他的理论充满了不足和错误。

如何评价弗洛伊德的精神分析理论，是一个高难度的问题，仁者见仁，智者见智，众说纷纭，终无定论，使人莫衷一是。在此，笔者以自己浅薄的学识，尝试给弗洛伊德理论一个客观公正的评价。

一、对弗洛伊德理论的积极评价

1. 将无意识纳入心理学的研究领域

自冯特创立科学心理学以来，无意识便被主流心理学所忽视，以至于很长时间以来，人们认为心理就是意识，心理学就是意识心理学。而弗洛伊德却以人弃我取的精神，把无意识作为自己毕生钻研的主要对象，他探索出一套别具匠心且行之有效的方法，终于修成正果，取得了举世瞩目的巨大成就。弗洛伊德学说属于无意识心理学的范畴，尽管之前一些哲学家如叔本华、尼采等对无意识已有不少的宝贵见解，但是在真正以无意识为研究对象来建构理论体系的学者中，弗洛伊德是毫无争议的第一人。尽管弗洛伊德的研究成果直到今天仍饱受人们的批判，但即使他的反对者也不得不承认，他的观点至少使人们开始关注精神世界的一个被人所忽视的奇异领域。在他的推动之下，无意识已经成为现代心理学的一个基本概念，他创立的精神分析心理学也成为现代心理学的三大学派之一了。[1] 因此，

---

[1] 另外两大学派是行为主义心理学和人本主义心理学。

弗洛伊德的学说扩大了心理学的研究领域。这一点是弗洛伊德最主要的历史功绩，也正是这个原因，我们把他称为心灵深处的探险者。

2. 加快了深层心理学的发展

主流心理学往往重视认识过程的研究而轻视情感过程的研究、重视行为的研究而轻视欲望的研究。弗洛伊德的心理学则与这种重知轻情、重行轻欲的心理学相反，他开辟了深层心理学的研究。如果说主流心理学是从外向内、从表层向深层探索的话，那么弗洛伊德的心理学则是从内向外、从深层向表层进行研究的。弗洛伊德从来不为事物的表面现象所迷惑，对包括梦、过失在内的任何心理现象，不分巨细，都要寻根问底、追本求源。最终，弗洛伊德发现人们的一切行为背后都隐藏着被压抑的无意识本能、欲望和动机，只有了解一个人被压抑的本能、欲望和动机，才能够真正了解这个人。尽管弗洛伊德及其学派由于受到历史条件的限制，还不可能对本能、欲望和动机进行科学的解释和预测，但是单单能够提出这些问题本身就是对心理学的一大贡献。现在西方心理学普遍重视人们的本能、欲望和动机等深层心理现象的研究，我们有理由认为，这一现状的形成蕴含着弗洛伊德的巨大贡献。

3. 促进了心理学的学科建设

在心理学庞大的学科体系中，弗洛伊德至少建立了三门分支学科：性心理学、动力心理学和变态心理学。

性的问题自古便是人们科学研究和日常生活的禁区，弗洛伊德以超乎寻常的勇气向这一禁区发起了进攻。他对性的概念和范围、性的发展过程、行动力、性的象征性表现、儿童性欲等问题作了系统而深刻的研究，他将性能量视为人类个体成长和种系发展的动力，将人类文明归结为力比多的升华，这些都是冒天下之大不韪的，弗洛伊德因此曾一度声名狼藉，他的诊所也曾门可罗雀。但历史最终证明，弗洛伊德是成功的，他的性心理学已经成为现代心理学重要的组成部分。

由于受到牛顿经典物理学和 19 世纪能量守恒定律的影响，弗洛伊德认为人本身就是一个能量系统、动力系统，它决定着人的意识、前意识、潜意识的心理结构和本我、自我、超我的人格结构。按照他的理论，潜意识或本我中的本能欲望和原始冲动是人格发展的动力，也是人类一切行为的最终决定力量。这便是弗洛伊德动力心理学的基本思想。

在弗洛伊德之前，虽然学者们对变态心理已经有所研究，但是无论研究方法还是研究成效都是非常肤浅的，人们往往只从躯体因素等方面寻找变态心理产生的原因。弗洛伊德则独辟蹊径，他从病人的内心冲突和行为动机着手，使变态心理研究从注重静态描述转变到注重内在精神动力的探究上。虽然弗洛伊德的理论体系并不完善，但却为后人研究变态心理学开辟了道路。

4. 独创了一条重视心理治疗的、非学院的新思路

中世纪以前的时代里，人们对精神病的治疗因受到"魔鬼附身"观念的影响，往往采用残酷的肉体刑罚的方法；中世纪以后的数百年，人们对精神病的治疗是以生理病因观为指导的治疗，医生往往单纯依靠药物、手术和物理方法来治疗，效果一般来说不够理想。弗洛伊德认为，

精神病的根源在于患者曾经受到过的心理创伤，只有通过精神分析的方法挖掘出患者潜意识中的各种心理冲突进而给予干预治疗，才可能治愈其精神病。

弗洛伊德的学说产生于精神病的治疗过程中，无论他处于事业的巅峰还是低谷，其理论始终和医疗实践相联系，这样的理论是永远具有生命力的。他的精神分析理论既是对医疗实践的总结，又经过了长期医疗实践的检验，因而对治疗精神病和其他心理疾病拥有可靠的疗效。在弗洛伊德及其学派的影响下，尤其是在"二战"结束后各种心理疾病患者急剧增多的历史条件下，临床心理学得到了突飞猛进地发展。直到今天，精神分析疗法仍然是临床心理学的一种重要的诊疗方法。

另外，弗洛伊德不隶属于任何高等学府，也不依靠任何动物实验或精密仪器，他数十年如一日的与自己的诊所相厮守，使用的"仪器设备"大概只有一张长沙发和几张墙上悬挂的画。他对病人付出的时间往往超出人们的想象，普通患者需要接受几个月的治疗，而重症病例则需要几年的时间。这些都使得弗洛伊德与其他学院派心理学家区别开来。

5. 强烈撼动了人类的思想界

精神分析发端于对精神病的治疗，但它的影响力已经远远超出了心理学的范畴，逐渐延伸到哲学、教育学、历史学、文学、艺术、宗教学、美学、社会学、人类学、法学等领域，并由一种心理学理论发展为一种解释个人、文化及社会历史现象的世界观和方法论。有人认为，在弗洛伊德的作品中，你可以找到 20 世纪最主要、最有威力的思想，它们已经使得西方思想史全然改观。就连反对弗洛伊德的人，也能够从其理论中汲取适用于自己的力量。弗洛伊德有着如此深远的影响力，以至于有人将他列为历史上影响人类思想的三大伟人之一。①

6. 深刻影响了人们的生活

由于弗洛伊德学说对潜意识内容的拓荒，由于他将人们心灵深处的本能欲望和原始冲动公之于众，由于他将人们遮遮掩掩几千年却又常常露出马脚的性欲望和盘托出，在他之后的人们不再虚伪地羞于看向自己生命的深处，人们不再将精神病人看作怪物，法官们已经了解了冲动对人的天性所具备的优势，有时会在宣判罪行时犹豫不决。今天，教师们已经可以讲授过去不敢讲授的东西，家庭可以公开过去不敢公开的事情，在对道德的解释中加入了更多的正直，青年人有了更多的同情心理，妇女解放运动者拥护她们的意愿和她们的性别，我们学会了尊重个人存在的一次性，学会了创造性的领会我们自己精神本质的秘密……这一切生活上的改变，我们都要部分地归功于弗洛伊德。

二、对弗洛伊德理论的消极评价

1. 研究方法的局限

弗洛伊德忽略个体和群体、个体心理和社会心理、本能和文化的差异，用关于个体、个体心理和本能的精神分析理论来解释群体、社会心理和文化现象，这体现出他庸俗唯物主义的世界观和形而上学的方法论。

---

① 影响人类思想的三大伟人分别是爱因斯坦、马克思和弗洛伊德。

弗洛伊德的精神分析理论来源于对精神病和神经症的治疗实践，他把得自于精神病患者的心理规律推论到所有正常人身上，把正常人和精神病患者混为一谈，从而将精神病心理普遍化和绝对化。这样，弗洛伊德以研究病态心理来替代或推论正常人的心理，以偏概全，是没有足够的外部效度的。因此，他的学说引起了人们的广泛质疑。

据悉，在自由联想的过程中，弗洛伊德并未当场记录病人的话语，而是在病人离开之后才进行记录，对这些记录的分析则更晚一些。因此，数据在很大程度上受到弗洛伊德的记忆准确性的影响。在验证某种理论时，他常常本着自己的意愿去寻找那些支持研究假设的材料，与研究假设相抵触的材料则不予注意。弗洛伊德似乎从来没有质疑病人语言报告的准确性，因此，批评者认为，关于病人所描述的事件，弗洛伊德应该询问病人家属或朋友来证实其语言报告的准确性。因此，弗洛伊德收集数据的过程很可能不完善、不准确。而弗洛伊德如何根据所记资料进行推理和概括，没有一个人了解其内幕。在弗洛伊德所得出的所有结论当中，既不包括推理时所依据的数据、分析数据时所用的方法，也不包括关于经验材料的系统说明。由于弗洛伊德独特的个人特征，他不愿意完全遵照科学报告的惯例来介绍自己的材料，这就使人们对精神分析的科学性产生许多疑点。因此，由于研究方法的不严谨，弗洛伊德的精神分析带有了某种神秘主义的色彩，导致人们对其整个研究的科学性产生怀疑。

在运用自由联想法对患者早年经历进行询问的过程中，弗洛伊德发现，几乎所有的神经质患者都遭遇过性的诱惑，而这种诱惑的来源大多是患者的至亲。在很大程度上，这一发现影响了弗洛伊德学说的建立，成为精神分析理论的基础。但是最近一些年，有学者指出，弗洛伊德的患者所遭遇的那些所谓早年生活的性诱惑，大多数是患者自己建构出来的引人入胜的故事，因为事实上并没有如此多的来自至亲的性诱惑的发生。为何患者要杜撰出一系列性诱惑的情节呢？这和患者的神志不清有着直接的联系，很多患者将幻想出的性诱惑事件与幼年时期的真实经历混为一谈。当然，不排除存在少数患者有意编造出一些创伤性经历，借以吸引咨询师的注意，这部分患者有着成为别人注意焦点的强烈渴望。

2. 反理性主义的倾向

首先，贬低意识和理性的地位和作用，将无意识和非理性视为人格的决定力量。弗洛伊德把无意识的本能和欲望说成是一切行为的基础和动力，而把意识和理性仅仅看作本能和欲望的伴随因素，这是不符合人类的事实的。按照马克思主义的有关理论，在正常人的心理中占主导地位的是意识和理性，人类活动主要是有意识的活动，否定意识的主导作用，就等于在人和动物之间画上了等号。按照弗洛伊德的理论，意识只有一种功能，这就是用来发现潜意识的奥秘，而潜意识心理学的研究则反过来给意识的知觉填补空白，这实际上是贬低了意识的价值。列宁曾经说过："人的意识不仅反映客观世界，并且创造客观世界。"弗洛伊德把无意识视为脱离了物质、脱离了自然的一种绝对存在物，认为人的一切行为都取决于无意识的欲望，这样的观点显然具有反理性主义的倾向，同时也陷入了唯心主义的泥潭。

其次，忽视人类理智的价值，极力鼓吹泛性论。弗洛伊德把性本能看成人类一切活动包括社会发展的主要动力，这是不符合实际的。性本能只是人类本能的一种形式，只有当人类个体发育到一定年龄阶段才能表现出来。弗洛伊德把婴儿吸吮母亲乳汁的活动说成是性本能的表现，把人们在科学技术、文化艺术上的创造活动说成是性本能的升华，这是毫无根据的。弗洛伊德说过："人的本质只是他的性别和年龄。"这样，他便将人降低为一般动物，抹杀了人的本质特征。马克思曾经指出："人的本质并不是单个人所固有的抽象物。在其现实性上，它是一切社会关系的总和。"鲁迅在1933年的《听说梦》一文中，用经济基础决定意识形态的历史唯物主义观点，讽刺弗洛伊德的理论是资本家的诛笔。他说："不过，弗洛伊德恐怕是有几文钱，吃得饱饱的罢，所以没有感到吃饭之难，只注意于性欲。有许多人正和他在同一境遇上，就也轰然地拍起手来。诚然，他也告诉过我们，女儿多爱父亲，儿子多爱母亲，即因为异性的缘故。然而婴孩出生不多久，无论男女，就尖起嘴唇，将头转来转去。莫非它想和异性接吻么？不，谁都知道，是要吃东西！"

尽管弗洛伊德声明，他注重性欲只是因为这一问题为许多人所忽视，而他的精神分析主要是为了"研究人家所忽略的事件"，但是，正如他自己所承认的：他的精神分析"触犯了全世界，招惹了人们的厌恶"。由于弗洛伊德对性本能极端化的强调，使得人们经常把性本能当做精神分析学说的代名词或同义语。当然，任何学者都不能否认性本能的存在及其巨大作用，但是，就社会化了的人来说，性本能是否就如弗洛伊德所说的那样"在神经的和心理的疾

第五章 对弗洛伊德理论的评价

179

鲁迅像

病成因中都起着一种不平凡的巨大作用"呢？人类是否在日常生活中，甚至夜晚做梦时都在受着性本能的支配呢？人格的发展是否完全可以按照性的发展特征加以划分呢？正因为弗洛伊德把性本能无限夸大，把它当成人类一切行为、动机的动力，当成一切文化、道德、法律等社会意识和上层建筑产生的根源，这就完全歪曲了事实的本来面目，从而走向了泛性欲；也正因为如此，精神分析学派内部常常出现严重的意见分歧，终至分崩离析，不仅布洛伊尔、阿德勒、荣格等合作者与弗洛伊德分道扬镳，就连他的女儿安娜和其他忠实的信徒也不再像他那样片面强调力比多的主宰作用了。需要注意的是，弗洛伊德本人到了晚年，对这一问题的态度也有所变化，开始由重视本我逐渐向重视自我发展。

3. 唯心主义的倾向

弗洛伊德的理论虽然与医疗实践相联系，还含有某些辩证法的成分，但这并不意味着其理论在世界观上是正确的。科学实践与世界观相矛盾的悲剧，在历史上是屡见不鲜的。弗洛伊德在理论上有不少主观臆想的成分和纯粹逻辑推演的东西，有时甚至用神话传说来提出和证实自己的观点，既没有事实根据，也无人加以客观验证，这就使得其学说的科学性大打折扣。在弗洛伊德的理论中，他经常把社会的东西心理化，把心理的东西生物化，把人的东西自然化，这些都与他早年所受的科学训练格格不入。我们认为，弗洛伊德理论最根本的问题，就是否定物质第一性、意识第二性，夸大了人的自然性，贬低了人的社会性，抹杀了生产方式、特别是生产关系在人的精神活动中的作用，陷入了生物决定论和精神决定论的唯心主义的境地。另外，弗洛伊德的很多理论观点来自自己超越常人的构思能力，导致他的理论观点动辄改易、变动不居。不少反对者认为，弗洛伊德的学说是天马行空、捉摸不定。

4. 生物学化倾向严重

弗洛伊德的精神分析体系是建立在生物学基础上的。他认为，心理能量来自于本能冲动，心理结构的基础是本我，心理发展始终以身体不同区域即性感区的快感为中心，这些假设说明，他的整个学说的前提和基础都是生物学。所以，弗洛伊德对于人类一切行为的解释，都带有生物学化的色彩。结果是，他抹杀了人与动物的区别，抹杀了人的社会性本质，抹杀了社会文化环境对人的心理发展的重要作用。

5. 神秘主义色彩浓厚

弗洛伊德学说的另一显著特色就是神秘主义色彩浓厚。虽然，弗洛伊德早期追随布吕克教授学习物理主义的生理学，但是，由于受到传统的犹太教和天主教思想的影响，他后来却归入到了神秘主义的阵营。他往往把一些精神现象归因于某种神奇的力量，而这种神奇力量既无生理基础又无社会成因，变成了神秘莫测的东西，这便使得他的理论晦涩难懂，因此，有人称弗洛伊德的理论为"心理玄学"。如弗洛伊德的"原始意象"这一概念，不仅神秘费解，而且带有浓厚的宗教色彩。

6. 对马克思主义的错误态度

对于马克思主义的很多观点，弗洛伊德从根本上进行反对和责难，如，他反对马克思把社会发展看成一个自然历史的过程。在他看来，潜意识欲望才是社会发展的真正动力。弗洛伊德还指责马克思在对人的社会行为的解释中，只重视经济因素的作用，忽视了心理因素的作用，因而他要用心理因素去弥补马克思主义的这一局限。弗洛伊德的这些观点实际上是对马克思主义的误解和歪曲。

需要指出的是，在弗洛伊德之后，西方哲学界形成了一个"弗洛伊德主义的马克思主义"学派，其主要领导者是弗罗姆（Eric Fromm，1900—1980）等人，他们打着反对把人类生物学化和社会学化的旗号，企图把弗洛伊德主义和马克思主义调和到一起。例如，弗罗姆千方百计地排斥马克思主义的某些基本原则（比如人总是有理性的、工人阶级能够建成社会主义、生产资料社会化是社会主义的本质，等等），而用弗洛伊德主义的原则来代替。我们认为，这实际上是弗罗姆和弗洛伊德联手试图吞没马克思主义。在阅读相关的书籍时，我们应该警惕所谓"弗洛伊德主义的马克思主义"学派，对其错误思想应加以批判。